Ich bleibe!

ICH BLEIBE!

Ein politisches Leben gestern und heute

Dolly Hüther

DIETZ

Bibliografische Information der Deutschen Nationalbibliothek
Die Deutsche Nationalbibliothek verzeichnet
diese Publikation in der Deutschen Nationalbibliografie;
detaillierte bibliografische Daten sind im Internet
über http://dnb.dnb.de abrufbar.

ISBN 978-3-8012-0615-4

Dreizehnmorgenweg 24, 53175 Bonn

Unter redaktioneller Mitarbeit von Dr. Rainer Knauf

Textauszug aus:
Luise F. Pusch, Alle Menschen werden Schwestern. Feministische Sprachkritik.

Umschlag: Petra Bähner, Köln
Satz: Rohtext, Bonn
Druck und Verarbeitung: CPI Books, Leck

Printed in Germany 2021

Besuchen Sie uns im Internet: www.dietz-verlag.de

Inhalt

Grußwort

Sie bleibt – und das ist gut so. Es gibt nur wenige Frauen heutzutage, falls überhaupt, die mit gleicher Power, Leidenschaft, Temperament und Unverdrossenheit für die Sache der Frauen kämpfen wie sie.
Und was sie nahezu einzigartig macht, ist ihr Mut zu Ehrlichkeit und Gradlinigkeit. Bis zur Schmerzgrenze und darüber hinaus. Und ohne Einhaltung von Hierarchie und Protokoll. Dass sie dabei viele Intrigen, Anfeindungen und Rückschläge erfährt, kann sie nicht vom Weg abbringen. Resignation ist ihr fremd.
Eine Frohnatur wie sie mit Verstand, Herz und Schnauze ist selten geworden. Aber gerade deshalb umso wichtiger. Manch eine/r macht einen großen Bogen, weil das, was sie zu sagen hat, meistens unbequem ist. Weil es Reflexion und Veränderung nach sich ziehen müsste, was in den wenigsten Fällen gewollt ist, wenn die Strippen längst gezogen sind. Da ist eine, die analysiert und demaskiert, nicht gewollt. Eine mit einem großen Erfahrungsschatz, über den die Newcomer, in der Regel nicht verfügen. Und häufig auch nicht über ihren messerscharfen Verstand, ihren Humor und ihr Rückgrat ungeachtet des Ansehens der eigenen Person. Ja Dolly, es ist wichtig, dass Du bleibst, in der SPD und wie Du bist!

Birgit Amrath-Schäfer,
Frauenbeauftragte Regionalverband Saarbrücken.
3. Juni 2019

Vorwort

Ich denke, der vorliegende Band wird nicht das letzte Buch von Dolly Hüther sein. Ihr Herz ist immer noch voll, sie will und muss ihre Gedanken, ihre Anliegen, ihre Forderungen und Wünsche zu Papier bringen – und das mit der ihr eigenen Verve. Sie kann beides: reden und schreiben, frei von der Leber weg, sich selbst und andre nicht schonend und mit Sinn für den Effekt.

In dieser »Zwischenbilanz« nimmt sie uns noch einmal mit auf ihren ganz eigenen Weg durch Öffentlichkeit und Institutionen. Das Private bleibt dieses Mal privat. Immer geht es um gesellschaftliche Themen, um programmatische und reale Fortschritte in den Lebensbereichen, die Ihr wichtig sind. Und das sind nicht wenige: Die 1970er-Jahre mit dem Kampf gegen den § 218, für Selbstbestimmung über das eigene Leben, über den eigenen Körper, dann der bis heute anhaltende Diskurs über Macht und Einfluss der Sprache und der weiterhin aktuelle Kampf für die Quote, das Eintreten gegen Krieg und Gewalt, für Friedenssicherung und ein Leben in Würde im Alter.

Ihre erste engere Berührung mit der Politik erfuhr sie in Saarbrücken, im Nauwieser Viertel. Dort begegnete sie ASF und Jusos. Aus diesem Kontakt entwickelte sich ein wachsendes gesellschaftlich-politisches Engagement, bei ihr immer auch ein Einmischen, mit Phasen größerer Nähe oder neuer Distanz. Aus ihrem Blickwinkel erzählt sie von den erfolgreichsten Zeiten der SPD in Saarbrücken und im Saarland. Sie hatte dabei ihre ganz eigene Rolle: im Ortsverein, im Unterbezirk, wie die Kreisverbände damals hießen, im Landesverband und darüber hinaus. Ihr kritischer Blick, ihre Erfolge und Rückschläge, ihr unverdrossenes Anrennen gegen Gewohnheiten in Sprache und Organisation gefiel zwar nicht allen, gehörte aber auch zu den Elementen des seinerzeitigen Erfolgs. Das Spektrum der Partei war breiter, die Debatten oft roher als heute, dafür aber immer innerhalb der Klammer Solidarität. Wir stritten heftig, hatten aber immer Rosa Luxemburgs Diktum der

Freiheit der Andersdenkenden im Sinn und schämten uns nicht füreinander. Jusos und ASF wussten, dass sie im respektvollen Bündnis mit den »Traditionalisten«, die eher in der AfA zu finden waren, mehr erreichen konnten, als dass es gelingen würde, alle auf eine Sprachregelung zu verpflichten. Die Partei als Organismus galt (fast) allen als kostbares Gut.

Meine inhaltlichen Arbeitsschwerpunkte waren Berufliche Bildung, Medienpolitik, darin der Kampf für den SR und den öffentlich-rechtlichen Rundfunk, die grenzüberschreitende Zusammenarbeit mit Lothringen und Luxemburg, die Restrukturierung der Stahlindustrie, die stets bedrohte Lage der Bergleute, später als Minister eine effektive und nachhaltige Verkehrspolitik sowie die Baukultur. Als Bundesvorstandsmitglied scheiterte ich in der Grundsatzprogrammkommission mit meinem Vorschlag, die Nachhaltigkeit als 4. Grundwert der Partei in das Grundsatzprogramm aufzunehmen.

In dieser Zeit war die Zusammenarbeit mit Karin Junker – sie war meine Stellvertreterin in der Medienkommission – besonders intensiv. Bei ihr, Inge Wettig-Danielmeier und Elke Ferner war das Gleichstellungsthema in guten Händen. Der Satz im Grundsatzprogramm »Wir kämpfen für eine Gesellschaft, in der Frauen und Männer gleich, frei und solidarisch miteinander leben können« war Dank ihres Engagements nicht nur eine Worthülse.

Von Clara Zetkins Vorstößen, dem Wirken von Marie Juchacz, Johanna Kirchners und vielen anderen Frauen bis dahin war es ein langer Weg. Nicht genannt sind die vielen Frauen, die diese Arbeit in ihren Lebensbereichen begleiteten, ohne persönlichen Ehrgeiz, nur der Sache verpflichtet.

Dolly Hüther skizziert den langen Weg zur 1988 in Münster beschlossenen Quotenregelung, das wiederholte Scheitern, die immer neuen Anläufe.

Sie hatte das Glück, Johan Galtung zu begegnen, seine Theorien und Konzepte von struktureller und kultureller Gewalt, von positivem Frieden an der Universität des Saarlandes von ihm in der direkten Begegnung zu hören. So wuchs ein weiteres Feld für ihr Engagement.

In meinen Parteifunktionen als Vorsitzender der Jusos, der Saarbrücker SPD und als Landesvorsitzender ging es mir selbstverständlich um Inhalte, aber vor allem andern war es mir wichtig, die SPD als politischen Organismus zusammenzuhalten, gesellschaftliche Bewegungen zu integrieren.

Dass Menschen wie Dolly und ich, trotz der naturgegebenen, der anerzogenen und der durch die Verhältnisse erzwungenen Unterschiede immer wieder in der Lage waren, uns – mal mehr, mal weniger – zu unterstützen, zu respektieren und als Menschen zu akzeptieren, war ein wesentliches Element der Erfolge in der Vergangenheit – und wäre es auch noch in der Gegenwart. Ich habe mich nie für sie geschämt, bzw. schämen müssen und ich denke sie, wenn überhaupt, nur selten für mich.

Reinhard Klimmt

Einleitung

»Nimm Platz. Ich freue mich, über Deinen Besuch liebe Dolly und hoffe, Du hast Neuigkeiten mitgebracht.«
»Da kannst Du sicher sein. Stell Dir vor Ursula, ich habe begonnen ein neues Buch zu schreiben. Soll ich Dir die ersten Zeilen vorlesen?«
»Entschuldige, aber diese Ankündigung macht mich etwas stutzig. Du willst wirklich in Deinem Alter, mit den vielen Krankheiten in vergangener Zeit noch einmal durchstarten, die letzten Kräfte mobilisieren und ein neues Buch verfassen? Dabei ist es noch keine Woche her, dass Du das Gegenteil behauptet hast. Wieso dieser Sinneswandel? Ich habe selbst etliche Bücher auf den Markt gebracht und weiß genau, wie viel Arbeit – Recherche, Verlagssuche, Risiken und so weiter – damit verbunden ist. Von finanziellen und körperlichen Belastungen ganz zu schweigen.«
»Liebste Freundin, natürlich sind Deine Argumente nicht von der Hand zu weisen. Ich werde Dir der Reihe nach erklären, was mich angeregt, ja sogar inspiriert und beflügelt hat, dieses Wagnis einzugehen, ein sechstes Buch zu verfassen. Auch wenn Du Dein graues Haar schüttelst, wie ich sehe. In den letzten Jahren meines Lebens hat sich so viel Beachtliches ereignet, was mir am vergangenen Sonntag bei einigen Überlegungen erneut klar geworden ist, dass ich gar nicht anders kann, als zu schreiben. Es hat mir stets Spaß gemacht, Freude bereitet und Kraft gegeben. Der mich schon lange inspirierende Titel des Buches *Schreiben befreit* von Gisela Schalk und Bettina Rolfes (*Ideen und Tipps für das Schreiben in Gruppen und im stillen Kämmerlein, Bonn 1986*), kam mir in diesen Tagen in den Sinn. Dazu muss ich zugeben, Geschichten zu erzählen, sie danach aufzuschreiben, um sie vor dem Vergessen zu bewahren, das Geschriebene gedruckt in den Händen zu halten und meinen LeserInnen vorstellen zu können, war und ist ein Gefühl, das ich nie missen möchte.«
»Liebe Dolly, ich habe Zeit. Erzähle! Ich höre zu.«

»Du hast mir vor längerer Zeit von Deiner totalen Entsorgungsaktion berichtet, zu der ich mich einfach nicht bereit fühlte, wie Du weißt, obwohl ich meine beiden Söhne davor bewahren möchte, nach meinem Tod hierfür einen riesigen Container bestellen zu müssen. Mein Vorhaben bestand daher zunächst lediglich darin, in meinem Keller und in der Wohnung alle in den Jahren angesammelten Aktenordner und Mappen zu durchforsten, um sie eventuell jetzt schon zu vernichten. Ich fand immerhin rund vierzig mit Dokumenten angefüllte Ordner – viele aus meinen vierzig politischen Jahren, andere aus der Zeit meines Hörens als Gästin an der Uni, aber auch chaotisch Gesammeltes.
Der erste Ordner ließ mich auf einen Hocker sinken. Ich las und blätterte, las und blätterte erneut. Was lösten die Texte bei mir aus? Die Gewissheit, dass ich keines dieser Dokumente wegwerfen oder gar schreddern könne! 40 Jahre Daten von gelebtem Leben in den Händen zu halten, war ein faszinierendes Gefühl. Die Aufzeichnungen, geordnet, mit Trennblättern zwischen den einzelnen Themen, Briefe – weiß der Teufel mit wem ich in der halben Welt korrespondiert habe? Wichtig sind vor allem die Antworten von prominenten Persönlichkeiten, von denen einige bereits gestorben sind.
Immer noch auf meinem Hocker sitzend verfloss die Zeit. Vier Stunden waren vergangen und jedes Schriftstück fesselte mich beim Lesen aufs Neue. Handschriftlich verfasste Inhalte zu Reden auf Veranstaltungen kamen zum Vorschein. Je weiter mein Leben wie im Film vor mir ablief, desto höher rangierten die gefundenen Dokumente zu Schätzen. Ein schöner gelber Ordner weckte meine besondere Neugierde. Er stammt aus der Zeit meiner intensiven Beschäftigung mit der Sprachkritik, mit der Muttersprache und dem Deutschen als Männersprache. Davon müssen im Keller noch etliche Dokumente vorhanden sein. Es war, daran erinnere ich mich genau, für mich ein faszinierendes Thema, welches mich übrigens bis heute nicht loslässt. Alles in allem hatte ich also eine große Sammlung von Zeugnissen meiner politischen Aktivitäten vor mir, vor allem Reden, Berichte, Anträge und Briefe.
Kürzlich fand eine Sitzung meines SPD-Ortsvereins statt. Als ich nach Hause fuhr, spukte mir schon zum zweiten Mal die Idee zu diesem Buch im Kopf herum. Denn was sich bei meinen GenossInnen abspielte, war eigentlich längst vergangen und für mich uralt. In den Ordnern sind

Forderungen belegt, die schon lange Beschlusslage in unserer Partei waren. Ein Beispiel: Die Quotierung. Wann war das? In den 1980er-Jahren oder sogar schon früher, etwa 1977, als ich in die Partei eintrat? In dieser Nacht war kaum an Schlaf zu denken, der Gedanke reifte: Mach' noch ein Buch.

Zwei liebe Freunde hatten es mir schon lange vorher eindringlich geraten. Leo, ein junger Mann, 22 Jahre alt, der mit mir vier Wochen in der sysTelios Klinik in Wald-Michelbach weilte, war einer davon. Nach jedem Gespräch mit mir waren seine Worte: ›Dolly, Du musst noch ein Buch schreiben, mit all den wunderbaren Geschichten, die Du mir hier schon erzählt hast.‹

Joachim Heinz, ein ganz lieber und freundlicher Genosse riet mir noch intensiver hierzu. Meiner Bitte, mir bei der Entstehung ein wenig zur Seite stehen, konnte er leider nicht mehr nachkommen. Der schon überwundene Krebs war zurückgekommen. Als Joachim starb, war meine Trauer sehr groß. Bei der Vorbereitung der Laudatio zu meiner Lesung aus meinem letzten Buch bei der Stiftung Demokratie Saarland hatte er darauf gedrängt: ›Dolly, Du musst unbedingt noch ein Buch machen. Mit wem Du in Deinem Leben alles zusammengekommen bist! Das ist für mich schon sehr spannend.‹ Beim Vorgespräch zu dieser Laudatio war ihm aufgefallen, dass er dafür eigentlich viel zu wenig über das wusste, was ich mir in meinem ganzen Partei-, Uni-, und literarischen Leben schon erarbeitet hatte. Nachdem ich seine umfangreichen Fragen beantwortet hatte, meinte er, es könne vielleicht eine Biografie werden. Ursula, Du kannst Dir meine Antwort denken?«

»Ja, wahrscheinlich wie immer: Wer soll das lesen?«

»Er riet mir: ›Mach es politisch.‹ Und weiter: ›Dann wollen es bestimmt ganz viele Menschen lesen. Ich bin überzeugt sogar einige GenossInnen.‹

Meine Trauer bezieht sich auch auf das Verhalten der Saar-SPD. Warum? Ich habe keine Zeitung und niemand hat mir Bescheid gesagt, wann er gestorben ist und wann die Beerdigung war. Ich konnte ihm nicht einmal die letzte Ehre erweisen.

Die Empfehlungen der beiden Männer verschwanden.

Bis, ja bis ich in den Keller kam. Und jetzt gilt es, den Versuch zu starten, um mit all diesen vielen Schriftstücken meine letzten vierzig Jahre zu dokumentieren. Bitte glaube mir, es ist mir egal, ob ich vorher sterbe oder nicht. Wenn ich nicht wage, dann gewinne ich auch nicht. Obwohl ich spüre, dass ich mir da einiges an Arbeit zumute. Ein Traum suggerierte mir jedoch, es sei leicht. Die Begründung war einfach: Die Frage, ob das viele Material in den Ordnern ausreichen würde, bejahte ich in dem Traum.«

Meine Freundin war still geworden. Sie hatte mir zugehört und dann brach es aus ihr heraus: »Ich spüre, Du bist gedanklich schon sehr weit, mach' es! So wie ich Dich kenne, wird das auch ein regelrecht positiver Gesundheitsschub für Dich. Für mich hätte es den Vorteil, dass Du öfter zu mir kommen und mir vorlesen würdest, da ich eine Deiner ersten Zuhörerinnen der fünf anderen Bücher war.«

Ich verabschiedete mich und fuhr ganz zufrieden nach Hause. Am nächsten Morgen lockte der gelbe Ordner. Er flüsterte: »Inspiziere mich, sei neugierig!« Was könnte die erste Arbeit sein, um aus dem Chaos schon wenigstens einen kleinen Kosmos zu fabrizieren? Der Ordnerinhalt würde mir dazu dienen, Damaliges mit der jetzigen Situation vergleichen zu können. Etwa zur Frage: GroKo ja – oder GroKo nein?

Am Anfang übertrug ich Briefe, Berichte, Reden und Arbeitskreis-Unterlagen in den PC. Viele waren handschriftlich verfasst, da ich damals, als ich zu Hause tätig war, weder Schreibmaschine noch PC besaß. Nach einer gewissen Zeit lagen schon acht Texte unsortiert auf dem Schreibtisch. Als Inspiration für das Buch waren sie auf jeden Fall geeignet. Erstens zeigten sie, mit was ich mich in dieser Zeit politisch befasst hatte. Zweitens demonstrierten sie deutlich, was damals schon Gedankengut innerhalb der SPD war und eigentlich auch bleiben sollte – oder auch was davon verhindert wurde durch die Männer in der Partei. Ein Beispiel gleich an dieser Stelle, das stetige Beteuern:

Wir müssen die Partei erneuern!

In letzter Zeit hat mich ein Thema stark berührt und sehr nachdenklich werden lassen: Wieso hat unsere Partei so wenig Stimmen bekommen, zum Beispiel bei der Wahl im September 2017, und weshalb ist die für mich nicht tragbare AfD jetzt sogar im Bundestag vertreten? Warum wurden viele gute Inhalte und nötige Änderungen, die jahrelang in Wahlprogrammen, Broschüren, Büchern, Diskussionen, Presseerklärungen gefordert worden waren, nicht umgesetzt? Selbst nicht im Rahmen von Koalitionen und in verschiedenen Regierungen? Warum konnten diese Inhalte den Menschen nicht vermittelt werden? In meinen Augen haben wir nicht einmal unsere eigenen GenossInnen überzeugen können. Oder ist die sogenannte Hinwendung zur Mitte ursächlich verantwortlich? Viele BürgerInnen haben einen Rechtsruck vollzogen und darüber ist das Erschrecken groß, in ganz Europa, ja sogar in der ganzen Welt. Ein Versuch ist es wert, mit früheren Situationen zu vergleichen. Was spüre ich selbst, bei meinen Aktivitäten? Was ist zu vergleichen? Die Entwicklung zu rekonstruieren ist mir ein großes Bedürfnis, in meinen Ordnern immer und immer wieder zu lesen, was vor Jahren schon Konsens und sogar schon Beschlusslage oder in Gesetze eingegangen war. Was ist davon heute noch in den Köpfen unserer GenossInnen vorhanden?

Wie ich das Buch strukturieren könnte, war mir zunächst noch ein Rätsel. Zu meinem großen Glück kenne ich viele Menschen in meinem Umfeld, die mir vielleicht mit Rat und Tat zur Seite stehen würden. Die erste Gelegenheit bot sich, als ich einen mir sehr lieben Freund fragte, wie die Reihenfolge meiner Geschichten sein könnte, chronologisch oder thematisch geordnet. Thematisch riet mir der Gefragte. Das war gut, denn dadurch gewann der Anfang wenigstens eine vorstellbare Ordnung. Der Anfang? Das meint die Frage: Was hat mich geritten, im Jahre 1977 in die Sozialdemokratische Partei Deutschlands einzutreten? Diese Geschichte wurde von mir schon vor längerer Zeit aufgeschrieben. Nach einiger Zeit des Suchens fand ich sie wieder.

Stationen und Erlebnisse in der SPD

Der Anfang: Mein Eintritt in die SPD

Mit meinem jüngsten Sohn im Kinderwagen spazierte ich in Saarbrücken, im Nauwieser Viertel, beladen mit einem persönlich schwerwiegenden Problem. An einer Schaufensterscheibe blieben wir stehen und dort stand: »Heute Beratung der AsF.« Diese Einladung lockte. Es stellte sich heraus, es ist der Juso-Laden, Treff der Saarbrücker JungsozialistInnen, in dem die AsF, die Arbeitsgemeinschaft sozialdemokratischer Frauen St. Johann, ihren wöchentlichen Beratungsnachmittag, abhielt. Aus Neugierde trat ich in den Laden. Der Empfang war sehr freundlich. Mit meinen persönlichen familiären Problemen gingen alle offen und verständnisvoll um. Das Erstaunen auf meiner Seite war sehr groß. Ich konnte sofort überblicken: Da tut sich etwas Politisches. Für mich war das in dieser Zeit ein völlig unbekanntes Vorgehen. Frauen, die in Gespräche vertieft waren, wendeten sich mir zu. Junge und ältere – ja nur Frauen. Es gab Kaffee und Kuchen und mein Sohn konnte in einer Ecke mit anderen Kindern spielen.

Warum ist das der Anfang dieser Geschichte geworden?

> Alle haben sofort die Regelung meines Problems in Angriff genommen, obwohl ich noch kein Mitglied war. Der Nachhauseweg erzeugte ein super Gefühl. In der Tasche hatte ich die Adresse eines Top-Anwaltes, der Prozesse über Drogen, wie sie bei mir anstanden, hervorragend und kompetent regeln würde – es ging übrigens gut aus. Für mich läuft so etwas selten Gewordenes unter dem Begriff »*Solidarität*«. Die Geschichte beflügelte mich, regelmäßig zu diesen Nachmittagen zu gehen.

Vor ein paar Tagen besuchte ich eine Vollversammlung mit GenossInnen in der Arbeitskammer. Nach vielen Gesprächen an vier Tischen ließ der leitende Genosse das Stichwort *Solidarität* auf ein großes Papier notieren. Das sollte als Erneuerung in der Partei dienen. Finde ich lustig. Besser wäre es, alte Programme und Texte zu lesen und die Inhalte dann umzusetzen. Und das sollen nicht die anderen machen, oder die da oben. Genossinnen und Genossen! Das Credo müsste heißen: Selbst ist die Frau, der Mann.
Viel ist in den vergangenen Jahren geschehen, auch mit mir. Aufs und Abs und die Politisierung einer bis zum damaligen Zeitpunkt völlig apolitischen Hausfrau, die schon lange vom Bazillus Politik angesteckt war und sich hierbei sehr weiterentwickelt hat. Es gab Lernprozesse von riesigem Ausmaßen bei mir. Frauen haben sich dabei sogar von mir abgewendet. Die Gesellschaft hat sich ebenfalls enorm verändert. Zum Besseren? Schlechten? Oder gar zum Guten? Es gab Impulse in meinem damaligen Leben, mich einer Partei anzuschließen, die es wert sind, festgehalten zu werden. Aber auch einige, auf die ich heute mit Lächeln zurückblicke.

Warum bin ich in die SPD eingetreten?

Als ich mich 1977 nach dem Besuch bei der AsF entschloss, Mitglied zu werden, riet mir mein Ehemann: »Ja, liebe Dolly, geh Du ruhig in die SPD, die werden Dir eine Briefmarke auf Deinen Allerwertesten kleben und Dich nach Hause schicken.«
Von da an erfuhr er nicht mehr viel über das, was ich dort lernte, und über die Funktionen, die ich übernahm. Bis zu meiner Wahl als Beisitzerin in den Ortsvereinsvorstand der SPD St. Johann. Was war geschehen? Mein Ehemann war zu einem seiner Installateure gekommen, die er erwerbsmäßig besuchte. Der begrüßte ihn mit den Worten:
»Dei Aldi is heit in da Zeidung.«
»Das glaube ich nicht, da haben sie sich mit Sicherheit verguckt.«
»Moooment, ich holle die Zeidung. Siense, do steht se doch, vore in da erscht Reih.«
Ja, in der ersten Reihe, nicht weil ich schon so wichtig gewesen wäre, sondern weil eben kleine Personen wie ich bei einem Gruppenbild immer in der ersten Reihe stehen.

Mein Mann war sehr erstaunt, wie er mir später, als er nach Hause kam, erklärte. Er präsentierte mir die Zeitung mit den Worten: »Was machst denn Du in der Zeitung?« Meine Erklärung war einfach: »Sie haben mir halt keine Briefmarke auf den Allerwertesten geklebt, sondern gemeint, sie könnten mich im Vorstand ganz gut gebrauchen, denn ich bin gewählt worden und zwar mit einer großen Mehrheit.« Was verschwieg ich? Zum Beispiel, dass ich von einer Genossin gefördert wurde. Es war die spätere Ministerin Brunhilde Peter, sie ist leider schon verstorben. Sie unterstützte mich mit den Zusicherungen: »Liebe Dolly, Du hast eine wunderbare Begabung, Du kannst gut reden, also Dich gut artikulieren, aber Dir fehlen *unsere* Inhalte. Ich werde dafür sorgen, dass Du dabei weiterkommst.« Was Brunhilde bewirkt hat, werden Sie, liebe LeserInnen, im weiteren Verlauf noch nachvollziehen können. Bis mir neue Funktionen angetragen wurden oder ich mich darum bewarb, vergingen wiederum Jahre.

Meine Kandidatur für den AsF-Bundesvorstand

An dieser Stelle erfahren Sie, was nötig ist, um überhaupt auf der langen Stufenleiter der Funktionen wenigstens eine Sprosse weiter zu kommen. Es handelt sich um die erste Vorstellungsrede, die ich 1986 in meinem damaligen Ortsverein gehalten habe. Daraus geht hervor, wie und warum ich mich um die Möglichkeit bemühte, im AsF Bundesvorstand mitarbeiten zu können. Die Rede gebe ich hier mit dem gesamten Wortlaut wieder, damit Sie alle verfolgen können, was frau mitbringen muss, um nominiert werden zu können.

Liebe Genossinnen, liebe Genossen, zu meiner Person:

Mein Name ist Dolly Hüther, ich bin aus St. Johann, 52 Jahre alt, verheiratet, habe zwei Söhne und bin Hausfrau.

Zu meinem politischen Werdegang:
Vor 1977 habe ich, seit meinem 21. Lebensjahr, meine Parteisympathie nur dadurch dokumentiert, dass ich an Wahltagen ein Kreuz an der Stelle gemacht habe, wo SPD stand. Als ich 1977 mehr Freiraum für ein öffentliches Engagement hatte, trat ich in die Partei ein.

Stationen bis heute:
1978 wurde ich in den Kollektivvorstand der AsF Saarbrücken-St. Johann, dem ich bis heute angehöre, gewählt. Dort bekam und bekomme ich Impulse und Motivationen für meine politischen Aktivitäten. Den Frauen von St. Johann sei dafür gedankt.

Weitere gewählte Funktionen:

* Beisitzerin im Ortsvereinsvorstand Saarbrücken-St. Johann.
* Beisitzerin im Unterbezirksvorstand der AsF Saarbrücken Stadt.
* Delegierte im Landesparteiausschuss.
* Auf Landesebene Leitung des Arbeitskreises »Soziale Arbeitsmarktpolitik«
* 1984 wurde ich als Beisitzerin in den Landesvorstand der AsF gewählt.

Die Zukunft: Warum ich kandidiere?

* Um die begonnenen Arbeiten und Aktivitäten fortzusetzen,
* um endlich in einer wahlfreien Zeit mit Euch mehr grundsätzlich und inhaltlich diskutieren zu können,
* um neue Formen zu erarbeiten, damit noch viel mehr Frauen befähigt werden, für sich und somit auch für uns, das heißt die AsF und das, was die politischen Forderungen betrifft, in Angriff nehmen zu können,
* um die neugewählte Landesvorsitzende zu unterstützen,
* um die Interessen und Arbeiten der Bundeskonferenz zu vertreten und umgekehrt unsere Anträge und Beschlüsse zurück zu transportieren.
* Ich glaube, dass ich im Rahmen meiner persönlichen Möglichkeiten und mit meinem Elan diese Funktion ausfüllen kann.

Ein kurzer Schlussgedanke zum Thema Gleichstellung in der Partei, was den heute vorliegenden wichtigen Antrag 596 betrifft:

Ich will in die Bundes- und somit auch Landespolitik, weil ich mich mit diesen Themen, insbesondere der Gleichstellung der Frauen in der Partei beschäftige. Übrigens ist es schick dies' zu tun. Ich befinde mich in erlauchter Gesellschaft. Denn Heiner Geißler, Bundesfamilienminister der CDU, hat die Frauen entdeckt und sogar seine Hausaufgaben gemacht. Er liest zurzeit AsF-Programme, manches Mal sogar die *Emma*, und er hat in diesen Tagen immerhin in seiner Partei einen Parteitag zum Thema Frauen durchbekommen. Dort hat er Frauenförderungspläne erörtert, um sogar den Mutterschaftsurlaub auf den Vater ausdehnen zu können und dies mit Arbeitsplatzgarantie. Diese Forderungen der AsF verkaufte er dann als seine neuen Ideen. Die von ihm gelesenen AsF-Programme scheinen alt gewesen zu sein, denn wir fordern schon lange Elternurlaub. So könnte ich jede »Idee« von ihm auseinander nehmen. Der geschickte Taktiker bekommt dafür bei seinen eigenen Leuten Schelte. Kein Wunder, denn er hat zu all diesen Vorschlägen keine Frauenbasis. Ihr Genossen an der Saar habt sie: nämlich eine seit 12 Jahren gut arbeitende AsF.

Schlussfolgerung und Frage an die anwesenden GenossInnen:

Warum tut Ihr Euch so schwer mit der Umsetzung Eurer eigenen Beschlüsse, zum Thema Gleichstellung und Chancengleichheit innerhalb der Partei?
Für mich sitzt hier unten im Saal sowieso die bessere Hälfte der SPD-Basis.
Bitte um Zustimmung des wichtigen Antrages 596 für den Parteitag.

Meiner Nominierung wurde per Akklamation zugestimmt.

Korrespondenz mit Heiner Geißler

Eine Geschichte, die hier passt, will ich niemandem vorenthalten. Wieder geht es um den Herrn Minister Heiner Geißler. Meine Freude war groß, dass sich mein Brief an ihn und seine Antwort an mich bei den gefundenen Unterlagen befanden. Als wir ihn im AsF-Landesvorstand wegen der nicht stimmenden Inhalten besprachen und ich um Unterstützung bat, verkündeten fast alle Genossinnen, mit denen ich darüber sprach, begleitet von einem mitleidigen Lächeln: Antworten wird der Dir nie und nimmer. Eine der Frauen sagte wörtlich: »Wer bist Du denn überhaupt?«

Ich bekam Antwort!

Familienminister
Dr. Heiner Geissler

Saarbrücken, den 1.3.1985

Diskussion im Fernsehen 5 nach 10:
»Wie gewinne ich Frauen?«

Sehr geehrter Herr Minister,

mit großem Interesse habe ich die Diskussion bis zum Ende verfolgt. Alle Standpunkte wurden dargelegt. Es hilft uns Frauen sehr, wenn politische Öffentlichkeitsarbeit dargelegt wird. Ihr Paket, was sich auf den ersten Blick als Frauenhelfer erweisen könnte, ist meiner Meinung nach ein Flop. Dies' wäre meinen Brief, die Zeit und den Aufwand nicht wert, aber die von Ihnen geschickt gewählten Schlussworte haben mich fast aus meinem Sessel geworfen. Frei zitiert:
»Es kann doch nicht angehen, dass Emanzen den Mann als »Fehlgriff der Natur« bezeichnen, wie das unlängst geschehen ist.«
Könnte es sein oder soll ich als »einfache« Hausfrau annehmen, dass Sie Herr Minister etwa nicht wissen, dass dieses Buch von einem »MANN« geschrieben worden ist? Ein wissenschaftliches Buch? Die Empfehlung an Sie, bitte dieses Buch zu lesen. Prof. Dr. Rainer Knußmann hat es geschrieben. Da es so schnell keine Möglichkeit geben wird dieses falsch Dargestellte zu revidieren, bitte ich Sie wenigstens für eine spätere Diskussion, sich besser zu informieren. Sie haben der ganzen Frauenbewegung und ihren wirklich kämpfenden Frauen keinen guten Dienst erwiesen. Ich war von Ihren eindrucksvollen Schilderungen, Ihrer Glaubwürdigkeit, einen Lernprozess gemacht zu haben, fast überzeugt. Aber »Ihr« Schluss hat wieder einmal bewiesen, wie ernst Ihnen die Frauen mit ihren Bedürfnissen sind. Ich hoffe, dass dieser Brief Sie wirklich persönlich erreicht. Lassen Sie mir nicht durch eine Mitarbeiterin oder einen Mitarbeiter antworten. Sollten Sie keine Zeit haben, dann lassen Sie es besser und nehmen Sie die Kritik einer Bürgerin einfach zur Kenntnis.

Mit der Bitte um Verinnerlichung Ihrer vielleicht gut gemeinten Ansätze grüße ich Sie aus Saarbrücken

Dolly Hüther

Und die Antwort, so wie ich das heute sehe, war eine seiner Rückmeldungen, wie er sie nie selbst verfasst hat, denn als ich ihn in Saarbrücken in der Veranstaltung »Streit im Schloss« auf diese Korrespondenz ansprach, antwortete er: »Was meinen Sie, wie viele Zuschriften ich bekommen habe?« »Ich denke sehr viele auf Ihre Fehlbehauptung und Beschimpfung hin.« »Ich habe Sie nicht beschimpft.« Doch! Im Duden steht auch heute noch, dass »Emanze« ein Schimpfwort ist. Mir war einfach wichtig, mit ihm persönlich zu klären, ob die Antwort von ihm sei. Frage: »Musste darauf Ihre Sekretärin allen Schreibenden antworten?« Antwort: »Das weiß ich doch heute nicht mehr.« Auf den Inhalt konnten wir zusammen nicht mehr eingehen, denn die Presse hatte uns getrennt. Die Antwort des Ministers:

Dr. Heiner Geissler MdB
Bundesminister
Für Jugend, Familie und Gesundheit 22. Mai 1988

Sehr geehrte Frau Hüther,

Für Ihre Zuschrift zu der Sendung »5 nach 10« danke ich Ihnen herzlich.
Diese Diskussionssendung hat viele Zuschauer und noch mehr Zuschauerinnen dazu angeregt, ihre Meinung zu den angesprochenen Themen und auch zum Ablauf der Sendung – in bis heute noch immer eingehenden Schreiben – zu äußern. Darüber habe ich mich gefreut, zeigt die Mehrzahl der Zuschriften doch, dass meine Überlegungen für eine neue Frauen- und Familienpolitik verstanden und gutgeheißen werden. Dies gilt vor allem für die Aufwertung der Kindererziehung und die Erleichterungen, Familie und Beruf miteinander zu verbinden.
Eine Reihe von Schreiben zeigt erneut, wie sehr Familien mit Kindern gegenüber kinderlosen Paaren finanziell benachteiligt sind

und wie schwer es besonders für alleinstehende Mütter ist, ihre Kinder durchzubringen und zu erziehen. Hier sind die familienpolitischen Initiativen der Bundesregierung ein guter Anfang, vor allem die Einführung des Erziehungsgeldes, des Erziehungsurlaubes, die Anerkennung von Kindererziehungszeiten in der Rentenversicherung, die Verbesserung des Familienlastenausgleichs und die Wiedereinführung des Kindergeldes für arbeitslose Jugendliche.

Erwerbsarbeitslos war ihm auch nicht bekannt.

Besonders habe ich mich über die Briefe gefreut, in denen von dem Glück die Rede war, Kinder zu haben und sie großzuziehen. Viele vermissten gerade diese Perspektive der Familiengründung in der Diskussion, in der, wie Sie es empfunden haben, fast ausschließlich von Geld gesprochen wurde.
Doch ich habe auch Verständnis, für die Frauen, die noch darüberhinausgehende Forderungen haben und sich vor allem einen längeren Erziehungsurlaub wünschen. Deshalb begrüße ich besonders, dass die Länder Baden-Württemberg und Berlin, die schon heute ein Familiengeld gewähren, bereit sind, dieses, wenn der Bund am 1. Januar 1986 das Bundeserziehungsgeld einführt, in ein Erziehungsgeld für das 2. Lebensjahr des Kindes umzuwandeln. Ich verstehe auch sehr gut die Briefe der älteren Frauen, die in schwieriger Zeit die Hauptlast der Familienarbeit tragen mussten und nach dem Kriege finanzielle Einschränkungen und Entbehrungen für eine große Familie auf sich genommen haben.
Man muss sich jedoch daran erinnern, dass lange Zeit hindurch die wichtigen frauen- und familienpolitischen Forderungen nicht verwirklicht worden sind. Mit den jetzigen Initiativen der Bundesregierung ist nun ein Anfang gemacht und ein solider Grundstock gelegt. Auf diesem Fundament können weitere Verbesserungen aufgebaut werden, soweit die Sanierung des Staatshaushalts dies zulässt.
Bitte haben Sie Verständnis dafür, dass ich nicht jeden Brief einzeln beantworten kann und Sie daher nur diese allgemein gehaltene Antwort erhalten. Bei der großen Anzahl der Zuschriften ist dies leider nicht anders möglich. Aber ich möchte Ihnen die Bro-

schüre »Frauen in der Bundesrepublik Deutschland« beilegen, der Sie weitere Informationen über die neue Frauen- und Familienpolitik entnehmen können.

Mit freundlichen Grüßen

Dr. Heiner Geißler

Ist diese Antwort heute zu beurteilen, zu bewerten oder gar dem sehr geehrten Herrn Minister nachzuweisen, wie unpräzise und unpersönlich dieses Schreiben damals war und was es für mich heute noch bedeutet? Nein, das tue ich nicht und zwar aus zweierlei Gründen: Erstens, nach genau 160 Lesungen ist meinen LeserInnen bekannt, wie ich darüber denke. Deshalb überlasse ich es ihnen, was sie davon halten. Und zweitens, der gute Herr Geissler lebt nicht mehr. Lieber bleibe ich noch eine Weile bei meiner Bewerbung um in den Bundesvorstand, zumindest ein zweites Mal nominiert werden zu können, und zwar auf der nächst höherer Ebene, der des Unterbezirks. Dazu fand ich eine Rede mit wesentlich anderen Begründungen. Ich gebe sie hier gekürzt wieder:

Ich gehöre zur Generation der Kriegskinder. Durch diese Wirren und zwei Evakuierungen habe ich viele Schultypen und Schulen durchlaufen. Grundschule, Realschule und Gymnasium. Kurz vor der mittleren Reife musste ich von der Schule abgehen. Anschließend habe ich ein Jahr im Wald gearbeitet, um meinen Eltern nicht nur mit dem kargen Lohn, sondern in der Hauptsache mit den doppelten Lebensmittelkarten zu unterstützen. Danach machte ich eine Lehre als Zahnarzthelferin mit Abschluss. Mein Chef konnte mich nicht übernehmen. Als Ausweg trat ich anschließend eine zweite Ausbildung als Waschmittelvertreterin an. In diesem Beruf arbeitete ich bis zur Geburt meines ersten lebenden Kindes. Nach der Familienphase fand ich bei Zahnärzten, da ich 45 Jahre alt war, keine Erwerbsarbeit mehr. Seit zwei Jahren klebe ich wieder in die Rentenversicherung ein.

Zum politischen Werdegang
Bei einem Spaziergang durch St. Johann geriet ich durch Zufall an die AsF St. Johann. Im Juso-Laden war wöchentlich montags Beratungsnachmittag. Über die AsF kam ich in die Partei. Die AsF-

Arbeit faszinierte mich von Anfang an. Nach einem Jahr Mitarbeit wählten mich die Frauen in den Kollektivvorstand, dem ich acht Jahre angehörte. Ich bezeichne die Jahre als Lehrjahre in der Partei. Ab dann war ich in unterschiedlichsten Funktionen tätig:

* im AsF-Unterbezirksvorstand Saarbrücken-Stadt,
* im AsF-Ortsvereinsvorstand und als dessen Sprecherin, bis ich 1982 in den Landesvorstand der AsF als Beisitzerin gewählt wurde.
* 1984 bewarb ich mich um den stellvertretenden Landesvorsitz und bin derzeit in zweiter Wahlperiode in dieser Funktion tätig.

Zu meiner inhaltlichen Arbeit:
Es wäre leicht nur zu sagen, es sind die klassischen sowie die neuen Frauenthemen. Damit wäre alles gesagt, aber ich will hier erklären, wo meine Schwerpunkte liegen. Die Gleichstellung in der Partei und Gesellschaft. Ich habe von 1984 bis 1985 den Arbeitskreis »Frauenförderpläne« geleitet. Zurzeit stehe ich dem Arbeitskreis »§ 218 ff StGB« vor. Zum einen aus persönlicher Betroffenheit, zum anderen wegen der aktuellen, sich immer mehr verschärfenden Situation. Das Problem Gewalt in jeder Form beschäftigt mich bis hin zur »Gewalt in der Sprache«. Denn wo fängt sie an, wo hört sie auf, was können wir dagegen tun? Ich bin Pazifistin und habe viel in der Friedensbewegung gearbeitet. Jetzt bin ich für den Landesvorstand der AsF in der Kommission »Sicherheits- alternative Sicherheitspolitik« tätig. Im Arbeitskreis Sozialpolitik haben wir eine Vorlage für die Landtagsfraktion zur Schuldnerberatung fertig, da das Modell 1989 ausläuft. Zurzeit sind wir auch noch an dem Papier »Vereinbarkeit von Familie und Erwerbsarbeit«, das noch diskutiert wird. In der Referentinnenliste findet Ihr mich zum Thema Reproduktionstechnologie mit dem Teilgebiet IVF In-vitro-Fertilisation (künstliche Befruchtung).

Mein häufigstes Thema:
Im ganzen Land geholfen zu haben, neue Arbeitsgemeinschaften zu gründen und diese dann auch zu betreuen. Ich halte das für eine wichtige Arbeit einer Funktionsträgerin der AsF.

Die Arbeit, die ich im Bundesvorstand als Beisitzerin einbringen möchte:

Zurzeit leistet Brunhilde Peter die Arbeit in dieser Funktion. Ich denke, meine Arbeit würde anders aussehen. Der Schwerpunkt läge auf der Anbindung an den Bundesvorstand, indem ich durch Anwesenheit in den Sitzungen und Ausschüssen für eine konsequente Kontinuität sorgen könnte, um die Aktionen und Diskussionen früh genug zu transportieren, für unser Saarland sowie umgekehrt. Somit wäre eine aktuelle Beteiligung am politischen Willens- und Meinungsbild gewährleistet. Beispielhaft drei wichtige Themen: Es gibt schon lange

1. das bemerkenswerte Juso-Papier: »Ran an die Zukunft – raus aus der Sackgasse«, mit vielen Anregungen, Vorschlägen und Möglichkeiten,
2. die zurzeit schon intensiv laufende Pornografiediskussion und
3. die Diskussion zum Europawahlkampf und Öffnen des Binnenmarktes.

Ich denke, ich habe mir inzwischen auch auf vielen Gebieten Fachwissen angeeignet, um dieses einbringen zu können, und was ich noch nicht kann, werde ich lernen. Vor den letzten beiden Konferenzen auf Bundesebene habe ich unsere Anträge in der Antrags-Kommission vertreten. Ich bin davon überzeugt, dass meine Spontanität mir bei meiner Arbeit hilft. Zu diesen Eigenschaften zählt auch die Emotionalität, zu der ich inzwischen ebenfalls positiv stehe. Oder, ich frage Euch liebe Genossinnen:
Könnt' Ihr Euch Dolly so ganz cool vorstellen?
Ich bitte um euer Votum!

Das Votum wurde erteilt.

Fragen, die mich stark beschäftigen

1. Was ist während meiner 40-jährigen Zugehörigkeit in dieser Partei aus meiner Sicht geschehen?
2. Geben das meine Funde wieder?
3. Was ist in dieser Zeit alles erreicht worden?

4. Was hat sich aus meiner Sicht verschlechtert?
5. Wo konnten wir Frauen etwas bewegen?
6. Und was ist heute noch davon vorhanden?
7. Was habe ich aufgegriffen und wo bin ich zu Erkenntnissen gekommen?
8. Wie soll es weitergehen?

Zur ersten Frage gäbe es viel zu erzählen. Ein Ereignis führte dazu, dass meine politische Arbeit vor meinem Ehemann nicht mehr verheimlicht werden konnte, da sie durch eine Einladung des Fernsehens zu öffentlich wurde. Ein bedeutender Teil meines Engagements galt nämlich dem damals in allen Parteien diskutierten Gesetzesentwurf, der viele Frauen betraf: den Paragrafen 218 ff. im Strafgesetzbuch. Die Thematik hatte mich selbst betroffen: Meinen Schwangerschaftsabbruch, und wie es mir dabei (er-)ging, habe ich bereits 2001 in meinem ersten Buch *Dolly, ess dei Supp* genau beschrieben. Vor kurzem hat es der Conte Verlag, aus aktuellem Anlass, und zwar nach den Ausschreitungen an Sylvester in Köln, wieder gedruckt. Meine geschilderten Erlebnisse haben bis heute keinen Deut an Aktualität verloren. Wie kam es dazu, dass ich mich damals vom ZDF zu diesem Thema habe einladen lassen?

Mona Lisa: Eine heute noch lesenswerte Geschichte

Wir schreiben das Jahr 1989. Das Zweite Deutsche Fernsehen stellte mir in Aussicht, als Diskussionspartnerin bei einem sogenannten Streitgespräch mitmachen zu können. Als Gesprächspartnerin war Doris Pack, Bundestagsabgeordnete der CDU, vorgesehen. Die Sendung lief immer sonntags, um 18.30 Uhr, und hieß *ML Mona Lisa*. Maria von Welser war damals Moderatorin. Die Sendung wurde von den BürgerInnen negativ beurteilt, als Begründung gaben viele an: Es würde zu viel Geld verbraten. Sie dauerte 40 Minuten und galt im Land als ein wenig rechtslastig. In dieser Sendung würde ein zu großer Aufwand betrieben, dafür was eigentlich in einem Frauenmagazin rüberkommen müsse: »Tanga-Bikini direkt aus Miami« war so eine Folge, wie sie meiner Meinung nach wirklich nicht sein sollte. Wenn in einem Frauenmagazin solche Inhalte gesendet würden, könne sie von den ZuschauerInnen zur Boulevardpresse, von der es schon genügend gäbe, zugeordnet werden. Aber der Anspruch, als sie das erste Mal gesendet wurde, sollte aus meiner Sicht ein kritischer sein.

Ich werde versuchen, die Geschichte so zu schildern, wie sie aufgezeichnet vor mir liegt, denn genau so chaotisch hat sich alles abgespielt. Wieso bin ich hingefahren? Hierzu muss ich an den Anfang des Jahres 1989 zurückgehen. Damals wurde ich von Brunhilde Peter gebeten, sie zu vertreten. Sie war auf eine Konferenz der Friedrich-Ebert-Stiftung nach Bonn zum Thema *70 Jahre Frauenwahlrecht* eingeladen worden. Während ich diesen Text schreibe, also Anfang März 2018, feiern wir bereits zum 100. Mal das erreichte Frauenwahlrecht. Ja 1918 hatten sich die Frauen dieses Recht erkämpft. Daran waren sehr viele Sozialdemokratinnen beteiligt.

Zum Kongress *70 Jahre Frauenwahlrecht* wollte ich unbedingt reisen. Ich konnte hoffen, eine tolle Frau, Eva Hein aus Ostberlin, inzwischen eine wichtige Freundin, zu treffen. An dieser Stelle wird klar, warum mein Wunsch so groß war, in den Bundesvorstand der AsF gewählt zu werden: Hier boten sich die Möglichkeiten, an allen diesen Veranstaltungen teilnehmen zu können. Frau war in der »Hierarchie« der Partei von der nichtssagenden Basisfrau bis immerhin zur stellvertretenden AsF-Landesvorsitzenden aufgestiegen. Sagt frau/man aufgestiegen? Meine Meinung dazu: In einer Partei und im Patriarchat ist das ein »hinaufdienen«. Wie auch immer, mir hat das Engagement viel gebracht. Es war die inhaltliche Arbeit, die hungrig machte, hier lagen meine Defizite. Ich hatte angefangen zu lesen, lesen, lesen, daraus wurde Lust. Ich kann nur jeder Frau empfehlen, zu lesen. Das ist auch heute noch so, ich lese schon morgens auf der Toilette. Das ist ein sehr persönlicher Ort. Morgens ist der Kopf noch klar, frisch und außerdem stört dort niemand. Inzwischen weiß ich, auf diesem »Örtchen« lesen viele Menschen, sogar Männer, seit sie ihre Verrichtung im Sitzen ausführen. Nur darüber wurde und wird nicht gesprochen. Oder doch?
Zurück zur Geschichte und dem Kongress. Weil frau wegen solcher Ämter in eine Sendung wie *ML Mona Lisa* eingeladen wurde.

In meiner Position kümmerte ich mich von Anfang an um die sogenannten »Hexenprozesse«, die in Memmingen liefen. Ja, in Memmingen, dem inzwischen bundesweit bekannten Ort im idyllischen Bayern, der Furore gemacht hatte. Furore? – Welche? Von Anfang an unterstützte ich die Frauen in ihren verachtungswürdigen Prozessen und solidarisierte mich mit Horst Theissen, dem ebenfalls angeklagten Arzt. Beim Berufungsprozess von Magdalena Federlin, einer der wegen unerlaubten Schwangerschaftsabbruchs angeklagten 156 Frauen, war ich anwesend. Sie wurde freigesprochen. Das geschriebene Urteil war auf dem Bonner Kongress zum Frauenwahlrecht ein begehrtes Schriftstück. Als ich es 25 Mal kopiert hatte, wurde es mir förmlich aus der Hand gerissen. Unter anderem auch von einer Frau namens Marlies Schäfer.
Im Bus, der uns zum Empfang der neugewählten Präsidentin des Bundestags, Rita Süssmuth, CDU, brachte, lernte ich Marlies Schäfer näher kennen, denn sie saß neben mir. Wir kamen sehr schnell in ein Gespräch. Die Kritik aus meiner Sicht an der Sendung ML erschien auch ihr hart, denn ich ließ damals kein gutes Haar an ihr. Allerdings musste ich zu diesem Zeitpunkt zugeben, sie nur zweimal gesehen zu haben. Einmal die schon erwähnte Sendung mit den Tanga-Bikinis aus Florida und eine weitere, in welcher Rosa Luxemburg Thema war. In meiner Freude versicherte ich, dass diese mir gut gefallen habe. Rosa Luxemburg sei eine meiner sehr verehrten Frauen. Meine Gesprächspartnerin stellte sich mit den Worten vor: »Ich heiße Marlies Schäfer und habe diese Sendung in Unterföhring redaktionell vorbereitet.« Ich teilte ihr mit, dass ich mir unter einem Frauenmagazin genau das vorstellen würde, was und wie sie Rosa thematisiert habe. Daraufhin fragte sie direkt: »Haben sie auch einmal Lust, als Gesprächspartnerin über die § 218 ff StGB, über die Konflikte und die Beratungsangelegenheiten bei einer ungewollten Schwangerschaft zu diskutieren? Dazu bereite ich zurzeit eine Sendung vor.« Ich habe spontan zugesagt, dann im Stillen gedacht, pah, daraus wird ja sowieso nie etwas.
Ein paar Tage später rief Frau Schäfer an, denn im Februar sollte die Sendung aufgezeichnet werden. Frau Pack hatte schon zugesagt. Mein ja stand auch. Als Frau Schäfer eine Woche später ziem-

lich konkret wurde, bot ich ihr die zur damaligen Zeit beste Frau, die wir im Saarland und in unserer Partei zu diesem Thema hatten, an. Die weitere Begründung zu dem brisanten Thema: Margit Conrad sei auch MdB, außerdem Ärztin und schwanger, eben als Fachfrau von niemandem zu überbieten. Weiterhin, so argumentierte ich, wäre sie in der jetzigen Situation überhaupt nicht angreifbar. Das überzeugte Frau Schäfer. Sie gab sich einverstanden, allerdings nur durch meine Zusicherung, wenn Frau Conrad nicht könne, dann müsse ich zur Verfügung stehen. Sie versicherte mir: »Ich jedenfalls würde mich sehr auf Sie freuen.« Es war für mich bemerkenswert, was sie mir dann anbot, weil das für mich unmöglich war. Sie erklärte: »Außer Ihnen beiden wird, wegen der Ausgewogenheit, der Moraltheologe Prof. Dr. G., anwesend sein.« Da platzte ich heraus: »Wie? – Dann komme ich nicht!« »Wieso? Was stört Sie daran?« »Er ist Moraltheologe und dazu ist meine Meinung die Folgende: Es gibt Menschen, die ihren Beruf theoretisch und andere die ihn praktisch erlernen und dann ausführen. Dieser katholische *Moral*theologe tat das, meiner Meinung nach, nur theoretisch. Nehmen sie Verena Krieger von der grünen Partei, dann wäre die Gesprächsrunde aus meiner Sicht, wirklich ausgeglichen.« Sie versprach mir, die noch strittigen Dinge zu klären und zurückzurufen. Alles andere sollte ich mit Frau Conrad absprechen. Ich nahm den Hörer zur Hand und wählte sofort die Nummer von Margits Büro in Bonn. Es meldete sich Frau Fischer, ihre Mitarbeiterin. »Ist Margit zu sprechen?« »Nein, die ist mit dem Haushaltsausschuss in Marokko, wieso?« »Ich wollte sie fragen, ob sie Lust hätte, am 12. Februar 1989 im Studio des ZDF in Unterföhring bei München in der Sendung ML Mona Lisa mitzudiskutieren. Es geht in der Hauptsache um die geplante Zwangsberatung, die in ein verändertes Gesetz, welches den § 218 ff StGB betrifft, aufgenommen werden soll.« Über ihre Gegenfrage war ich erstaunt. »Liebe Dolly, wieso fragt das ZDF nicht direkt bei uns an, wenn sie Margit wollen?« Es war von mir schnell erklärt, dass sie mich eingeladen hätten, aber ich gerne diese Veranstaltung an Margit abgeben würde. »Weißt Du so als Ärztin, MdB und hochschwanger, das kann im Moment niemand übertreffen. Bei einer Diskussion, über ein Verhütungs- und Beratungsgesetz, welches bundesweit in der Vorbereitungsphase ist, wäre Margit nicht angreifbar.« »Margit ist über das Wochenende wieder in Saarbrücken. Sie wird hier bei mir in Bonn anrufen, ich werde sie dann über alles informieren. Du hörst von mir. Vielleicht wäre es gut, Du würdest Dich außerdem noch übers Wochenende bei Margit in der Wohnung in Saarbrücken melden.« Ich habe sofort wieder gewählt. Es meldete sich Hartmut, Margits Ehemann und auch Genosse. Aber genau wie in Bonn lautete seine Frage: »Warum fragt das ZDF nicht direkt in Margits Büro in Bonn an, wenn die sie gerne in einer Sendung haben wollen?« Er wurde von mir ebenfalls sehr schnell aufgeklärt. Er bat mich aber: »Ruf doch bitte noch einmal an, wenn meine Frau zurück ist. Wir haben da ganz klare Absprachen und Trennungen, also bei solchen Kompetenzen.«

Ich habe es bis mittwochs versucht, es meldete sich niemand, bis ich erfahren habe, die beiden seien auf einem Kurzurlaub. Danach rief das ZDF an, um vertraglich alles abzuklopfen, das heißt, um abzuklären und sicher zu sein, dass ich auch wirklich kommen würde. Eine damals gute Freundin zerstreute meine noch vorhandenen Bedenken und Ängste, die bei mir in dieser Zeit immer noch vorhanden waren, mit den Worten: »Du kannst das, mach' es!«

Die Geschichte nahm Formen an. Ich hatte mir vorgenommen, die Thematik ein wenig aufzufrischen. Ich blätterte in Büchern und Broschüren um festzustellen, wo meine Partei stünde und wie *sie* sich zu dieser Thematik verhalten würde. Den Fraktionszwang, das war mir klar, brauchte ich nicht zu beachten, denn meine Meinung war ja gefragt. Blättern und lesen um fit zu sein. Ich konnte mich aber nicht auf die Inhalte konzentrieren. Freitags darauf sollte schon die Aufzeichnung sein. Vertraglich wurde mir eine Flugkarte von Saarbrücken nach München und zurück sowie ein Honorar von 750 DM zugesichert. Der Moraltheologe war »gestorben«, das heißt er würde nicht kommen, es blieben nur Frau Pack und ich. Damit war ich dann endgültig einverstanden und das Abenteuer Fernsehauftritt konnte beginnen.

Was hat mich schlussendlich total überzeugt? Ich fand es schon sehr spannend. Dann mein Versprechen, welches ich Frau Schä-

fer gegeben hatte, und natürlich auch, weil ich mich ein wenig geschmeichelt gefühlt habe.
An besagtem Freitag war ich pünktlich um 7.00 Uhr am Flughafen in Ensheim. Mein Mann, der mich gebracht hatte, fuhr sofort wieder zurück. Die Frage am Schalter nach meiner Karte beantwortete mir eine junge Frau namens Kirchner:
»Erstens findet der Flug wegen des Nebels nicht statt.
Zweitens liegt hier keine Karte für Sie bereit.
Und drittens ist auch nichts vorfinanziert.«
Nachdem sie ihren Computer noch einmal durchforstet hatte, meinte sie: »Am besten sie warten, denn da soll ja noch, so weit ich informiert bin, die Bundestagsabgeordnete Doris Pack kommen?« Sie fragte mich, wozu wir nach München fliegen würden. Dadurch kamen wir in ein für uns beide sehr fruchtbares Gespräch, denn ich erzählte, wo und zu welchem Zweck ich eingeladen wäre. Meine Freude war groß, eine junge selbstbewusste Frau getroffen zu haben, die mich in meiner Grundeinstellung für das Selbstbestimmungsrecht der Frauen, was den § 218 ff StGB betrifft, voll bestätigte. Die zurzeit diskutierte Beratung, wie sie eventuell mit Pflichtberatung angelegt werden solle, könne doch keine Selbstbestimmung sein. Ich würde höchstens streiten und arbeiten, wohlgemerkt nicht kämpfen, sondern stark unterstützend wirken. Wie denken sie darüber? Frau Kirchner platzte heraus: »Oh, wie richtig! Da bin ich ganz auf Ihrer Seite.« Bei so viel Anteilname und Zustimmung wartete ich geduldig.
Gegen 9.00 Uhr rief das ZDF an und erkundigte sich, wo denn die Frau Hüther bliebe. Frau Pack sei schon seit zwei Stunden unterwegs. Plötzlich wurde von einem Flughafenmanager emsig eine Möglichkeit gesucht, wie sie dem ZDF-Kunden schnell helfen könnten. Dieser schnellste Weg nach München musste gefunden werden. Ich spürte das erste Mal in meinem Leben, wie sozialer Status entsteht. Nach zwei Stunden des Wartens und Nicht-beachtet-Werdens plötzlich diese Eile? Der Manager kümmerte sich wirklich persönlich um die leidige Angelegenheit: »Gnädige Frau, wir haben ein Taxi bestellt, das zwei Manager nach Frankfurt bringen soll. Die müssten schnellstens nach England. Wenn Sie da

mitfahren, bekommen Sie dort noch den Airbus nach München. Das ZDF erwartet sie bis gegen 16.00 Uhr, somit wären Sie aber schon gegen 14.00 Uhr am Ziel.« Ich war natürlich einverstanden. Wir fuhren mit dem Taxi sehr schnell nach Frankfurt. Durch ein paar Worte in Englisch auf meiner Seite und ein wenig Deutsch auf der anderen, der Fahrer war sogar Italiener, konnten wir mit viel Kauderwelsch die Zeit überbrücken und waren bald am Ziel. Der Airbus hatte Verspätung, das war für mich ein zusätzliches Glück, dadurch bekam ich den früheren Flug. Wegen Überfüllung des Luftraums musste eine neue Route gefunden werden. So flogen wir nur in etwa 3000 m Höhe. Es war inzwischen gutes Wetter und sehr gute Sicht, einfach schön. Immer wieder kam mir Reinhard Meys Lied in den Sinn: »Über den Wolken, muss die Freiheit wohl grenzenlos sein...«

Ich summte die Melodie ein wenig vor mich hin. Von Vorbereitung auf die Aufzeichnung und vor allem auf die Diskussion konnte keine Rede mehr sein. Lesen, um Argumente zu sammeln? Es war mir egal – den Flug genießen gab Erholung. Ich hatte von der Stewardess einen Fensterplatz zugewiesen bekommen, so konnte ich die Tragflächen sehen und beobachten, wie sich die einzelnen Teile für das Auf- und Absteigen, eben die Richtungsänderung anzeigend, bewegten. Unter mir lagen die Felder wie kleine Streifen, in einem vielleicht doch geordneten System. Häuser wie Streichholzschachteln, Dörfer wie Spielzeuge.

Aus dieser schönen Versunkenheit schreckte uns die Stimme des Kapitäns in die Wirklichkeit zurück. »Anschnallen, wir setzen zur Landung an.« Gegen 14.00 Uhr waren wir am Ziel und landeten sanft auf dem Rollfeld. Es geht schnell, das mit dem Fliegen. Ein Bordbediensteter fragte: »Haben Sie kein Gepäck?« »Nein, ich bleibe nur ein paar Stunden.« Das war mit Sicherheit suspekt, denn meine Tasche wurde besonders kontrolliert. Oder sah ich in meinem lila Mantel und dem roten Hut wie eine Terroristin aus?

Raus aus der Halle und rein in ein Taxi. »Halt Dolly, Du fährst doch nur mit Frauen und was Du hier siehst, sind nur Männer.« Ich schritt »majestätisch« suchend die Reihe ab. Alles schaute, da erkennbar war, diese Frau benötigt ein Taxi. Oh wie freute ich

mich – *eine Frau* zu sehen! Es war ungefähr das fünfte Fahrzeug. »Fahren Sie mich bitte zum ZDF nach Unterföhring?« Die Taxifahrerin schaute mich grinsend an und formulierte: »Eigentlich müssten Sie das erste bereitstehende nehmen, aber der Gast ist bei uns König und ich fahre Sie.« Was fast klar war, denn von der *geschlechtergerechten Sprache* war ich damals schon sehr überzeugt, kamen wir über Gast und König in ein Gespräch. Sogar über das Deutsche als Männersprache und warum ich nur mit Frauen fahren würde. Ich erklärte ihr, dass ich schon gern in meiner Muttersprache vorkommen möchte. Denn sogar Gast sei für mich nicht geschlechtsneutral. Und Gästin, das Wort, welches ich benutzen würde, sei bei vielen Personen nicht bekannt. »Warum?«, fragte sie erstaunt. Obwohl es im Lexikon der Gebrüder Grimm von 1878 noch aufgezeichnet war und heute noch nachgelesen werden kann. Um es streichen zu können, haben die Duden-Männer, wie bekannt ist, festgestellt, es würde sehr wenig benützt und es daraufhin einfach gestrichen. So verschwinden sprachlich auf einen Schlag alle Frauen und eben auch das Wort Gästin. Dafür würde ich den Terminus *Person* benützen und bei König läge es auf der Hand, dann sei es eben die Königin. Weiter beantwortete ich die von ihr noch offenen Fragen. Ja, das nur mit Frauen zu fahren habe mehrere Gründe, ob sie diese interessieren würden? Sie schaute während der Fahrt kurz zu mir herüber und sagte sehr bestimmt:
»Oh, ja, ja!« Ich antwortete mit folgenden Argumenten:

* Weil es noch so wenig Frauen in ihrem Beruf gäbe,
* weil ich sie unterstützen möchte,
* weil, wie wir in München gesehen hätten, die Männer in der Überzahl seien,
* weil Frauen noch diskriminiert würden und ihnen übrigens nachgesagt werde, sie könnten nicht so gut Auto fahren, wie diese Herren. Denken Sie bitte an das alte Klischee vom falschen Einparken.
* Weil ich mit meinem Vorgehen eine Demonstration machen wolle,

* weil sie bestimmt hinterher ein Gespräch mit Ihren Kollegen bekommen werde,
* und weil, weil, weil es noch viele andere Motivationen für mich gäbe.

Sie fand meine Begründungen gut, obwohl das Ganze für sie neue Erfahrungen beinhaltete. Sie freute sich darüber, dass immer mehr Frauen in politischen Ämtern seien, die sich einmischen würden, besonders bei so wichtigen Themen wie der ungewollten Schwangerschaft und den daraus entstehenden Konflikten. Sie erwähnte noch, sie sei Fan von Renate Schmidt, ob ich sie kennen würde. Was ich sehr gerne bejahte, da Renate eine meiner Lieblingsfrauen in meiner Partei war. Sie versprach mir beim Abschied, sich am kommenden Sonntag die Sendung *ML Mona Lisa* anzusehen.
Was erlebte ich mit der Gesprächspartnerin Frau Pack und der Moderatorin Frau von Welser? Schon beim Eintritt ins ZDF erzeugte mein Name eine spürbare Freude. Der Portier sagte: »Wir erwarteten Sie erst gegen 16.00 Uhr, ich rufe Ihnen sofort jemand, *der* führt sie in die Maske.« Es war *eine, die* mich in die Maske führte. Aber dann doch zuerst die Begrüßung. In einem Raum erkannte ich Frau Pack und Frau von Welser. Diese reichte mir die Hand und freute sich auch, dass die Aufzeichnungen jetzt zwei Stunden früher stattfinden könnten. Frau Pack reichte mir keine Hand, sagte aber, wie wenn aus einem Dampfkochtopf die Luft rausgelassen würde, ja sie fauchte sogar: »Wenn ich gewusst hätte, dass Sie kommen – wäre ich nicht gekommen.« Verblüffung und Peinlichkeit auf allen Seiten. Schweigen der Beteiligten, insbesondere aber bei mir. Es raste durch meinen Kopf: Da fährt *sie* mit zwei Chauffeuren von Bonn nach München, mit einer Zwischenstation in Saarbrücken, wusste, dass Nebel war und versuchte, mich nicht mitzunehmen?
Die Deutung eines solchen Verhaltens: In einem »schwarzen Auto« darf eine »rote Frau« nicht mitfahren? Oder ist Geldverprassen eine Art, wie sich Bundestagsabgeordnete verhalten, wenn es nicht um das eigene geht?

So steht es hier in meinen Aufzeichnungen von damals.

Hat sie etwa wirklich nicht gewusst, wer ihre Gesprächspartnerin sein sollte? Ich habe nicht nachgefragt, denn Frau von Welser überbrückte die Situation mit einem herzlichen: »Guten Tag liebe Frau Hüther, das ist ja toll, dass Sie schon zwei Stunden früher hier sind. Zu prüfen ist noch für meine Begrüßung, wie ich Sie vorstellen muss und ob ich alle Daten richtig notiert habe, um sie ansagen zu können. Sie sind also stellvertretende Landesvorsitzende der pro familia Rheinland-Pfalz/Saar? Wissen Sie, in dieser Position wurden Sie mir empfohlen.« Frau Pack mischte sich sofort ein: »Und, dass Sie in der SPD sind, das sagen Sie nicht?« »Doch, Frau Pack, die SPD ist meine politische Heimat, die vergesse ich nie!«

Sagte ich damals noch.

Frau von Welser wollte danach wissen, ob ich da auch noch eine Funktion oder gar ein Mandat hätte. Ich antwortete wahrheitsgemäß: »Ja, eine Funktion, aber kein Mandat. Ich bin stellvertretende Landesvorsitzende der AsF, das ist die Arbeitsgemeinschaft sozialdemokratischer Frauen im Saarland.« Das veranlasste Frau Pack hinzuzufügen: »Ich bin, außer dem Abgeordnetenmandat, welches ich ausübe, noch Landesvorsitzende der CDU-Frauen an der Saar.« Für mich war die Situation merkwürdig. Die Gefühle, die ich spürte, waren in diesem Moment nicht zu beschreiben oder gar zu erklären. Zum Nachdenken war auch keine Zeit, denn die Maske erwartete mich sofort. Alles ging in Windeseile. Eine männliche Person führte mich in einen Raum, der nach Puder und Schminke roch. Zwei Spiegel an der Wand, zwei Tischchen davor, ähnlich wie bei meiner Friseurin. Eine junge Frau bat mich sehr höflich, auf einem der bequemen Stühle Platz zu nehmen. Sie stellte sich als die Maskenbildnerin vor und fragte mich, ob ich die Frau aus Saarbrücken sei, auf die alle gewartet hätten? Folgender Dialog entspann sich, während sie mein Gesicht betrachtete. Sitzend und staunend kam bei mir doch etwas Beklemmung auf. War das die Atmosphäre oder eventuell der Bammel vor dem Unbekannten?
Die Frage der Maskenbildnerin riss mich aus meinen Gedanken: »Welchen Part haben Sie in dieser Sendung, die gleich aufgezeichnet wird?« »Ich denke, was den Inhalt betrifft, die Contra-Posi-

tion, da der Bayerische Rundfunk mit Sicherheit beim Thema § 218 ff StGB und der eventuellen Zwangsberatung, die diskutiert wird, mit Frau Pack konform geht.« »Ja, das glauben aber nur Sie, ich zum Beispiel liege da eher auf Ihrer Wellenlänge, ich lasse mir von keinem Menschen der Welt vorschreiben, wann, wie, wo und von wem ich ein Kind austragen will. Was denken Sie, Sie sind hier nicht allein. Übrigens ihr Haar sitzt gut, das kann so bleiben. Am Gesicht muss ich einiges korrigieren.« Mit ihrer Palette an Farben in diversen Töpfen wurde ich sogar »schön«. Im Spiegel konnte ich verfolgen, sie versteht ihr Handwerk. Am Schluss noch eine weiße Linie um den Mund, die bei Licht auch noch die Fältchen kaschierte und ihr Werk vollenden konnte.

Danach holte mich Frau von Welser mit folgender Frage ab: »Liebe Frau Hüther, haben Sie keine anderen Kleider dabei? Wissen Sie, ein weißer Pullover, auch wenn er auf der Vorderseite bunt ist? Oh je, da wird das Beleuchtungsteam wieder einmal fluchen.« Mir rutschte heraus: »Ich wusste nicht, dass es bei solchen Gesprächen Kleidervorschriften gibt, vielleicht hätten Sie mir das vorher mitteilen können?« Frau Pack, die hinzutrat, bemerkte: »Ja, es gibt gute Farben, Blautöne lassen sich gut ausleuchten.« Da stand ich wie das unwissende Lieschen persönlich. Das Gespräch wurde durch eine Ansage im Lautsprecher beendet, der uns ins Aufnahmestudio holte. Frau von Welser, Frau Pack und diverse andere Personen, gingen vor. Ich folgte im Abstand mit einer anderen männlichen Person. Er schaute mich an und fragte: »Angst?« »Oh ja, so ein bisschen schon, aber natürlich auch viel Neugierde.«

Er weiter: »Folgen Sie den Anweisungen und wir haben die Sache bald im Kasten. Weste, ik bin Jenosse, un bin uff Deiner Seite, Du bis nisch allene«, berlinerte er richtig schön.

Was geschah alles während der Aufzeichnung?

Als ich ins Studio kam, konnte ich sofort den Aufnahmeraum an den Initialen ML erkennen. Jetzt geht's gleich los, dachte ich, denn es waren viele Menschen da. Ich war erstaunt, wie viele zu solch einer Aufzeichnung benötigt werden. Über was ich alles noch staunte? Zwei Kameras, eine mit einem fest montierten Monitor.

Der Tisch und die drei Sessel, die ich aus der Sendung kannte. Ich wollte mich wegen des gerügten weißen Pullovers auf den Sessel hinter den Blumen, die auf dem Tisch standen, verdrücken. Da kam schon die erste Rüge des Beleuchters und seines Teams. Dann ertönte Frau Packs Stimme: »*Frau Hüther* – genau so betont – dort können Sie sich nicht hinsetzen.« Frau von Welser fragte erstaunt: »Wieso, liebe Frau Pack, haben Sie eine Schokoladenseite?« Diese lachte ein wenig gequält, gab aber zu eine zu haben, indem sie sich eine Haarsträhne aus dem Gesicht hinter das Ohr legte. Wir nahmen unsere Plätze ein. Aus einem Lautsprecher gab es Anweisungen: »Wenn das rote Licht an der Kamera aufleuchtet, sind wir am aufnehmen.«

Ab diesem Punkt gingen mir Dinge durch den Kopf, die alles andere betrafen als das eigentliche Thema, das gleich zu diskutieren war. Frau Pack ist eine recht temperamentvolle Frau, ich aber auch. Ich erinnere mich an einen Kurs über autogenes Training bei einem Kuraufenthalt, also galt mein Rat an mich: »Dolly, sei ruhig, bleibe ruhig.« Ein kurzer Blick auf meine Nachbarin und siehe da, sie packte ein paar Zettel aus: Ich gab mir den Auftrag: Interpretiere das bitte so, also deswegen hinter die Blumen? Frau von Welser lehnte sich locker an den Stehtisch und begrüßte die Damen und Herren, Zuschauerinnen und Zuschauer. Danach stellte sie die Gesprächpartnerinnen vor: »Frau Doris Pack aus dem Saarland, Mitglied des Deutschen Bundestages und Landesvorsitzende der CDU Frauen Saar, und Frau Dolly Hüther, auch aus Saarbrücken, stellvertretende Landesvorsitzende der pro familia Rheinland-Pfalz/Saar. Außerdem stellvertretende Landesvorsitzende der AsV, ... *AsV*?

Mein Atem stockte, denn das Licht an der Kamera leuchtete rot. Es war auf mich gerichtet. Ich formte das *V* mit den Lippen nach und die Frage stumm weiter: Schreibt sie *Frauen* mit einem V? Deutlich war erkennbar, dass meine Lippen AsV nachgemurmelt haben. Was ich mir hinterher im Video, das ich vom ZDF geschenkt bekam, ansehen konnte.

Die Sendung war so vorbereitet, dass zuerst ein Film gezeigt wurde, danach unsere Gespräche, mit den jeweiligen Meinungen und

Argumentationen zum gezeigten Thema. Während die Filme liefen, gab es Gelegenheit für einen Plausch, an dem ich mich nie beteiligte. Die Anspannung war zu groß. Bis immer wieder die ominöse Stimme über unseren Köpfen aus dem Lautsprecher erklang. Wie sich am Ende herausstellte, war das der Regisseur. Der Genosse aus Berlin war der Mann, der die erste Kamera führte. Er ging mit mir wieder hinaus und bestätigte mir:
»Weste watt jenossin, De warst knorke.«
Er verabschiedete sich sehr liebevoll mit einer Umarmung von mir. Ich tappte hinter den zwei Frauen her. Frau von Welser und Frau Pack unterhielten sich. Die Moderatorin stellte fest, dass die einzelnen Positionen gut herausgearbeitet worden seien. »Die Argumente von Frau Hüther haben mich überzeugt, sie hatte das Thema gut drauf.« Sie sei mit den Aufzeichnungen sehr zufrieden. Unnötigerweise fügte Frau Pack hinzu: »Ja, liebe Frau von Welser, Frau Hüther brauchte auch nur dieses eine Thema zu können, während ich durch mein Mandat ein viel umfangreicheres politisches Repertoire bearbeiten musste.«
Anschießend kam die Unterhaltung nur noch in Bruchstücken bei mir an und es fiel der Name von Frau Männle, die sie beide offenbar gut zu kennen schienen. Mir wurde mein Zugticket ausgehändigt mit der Angabe, wann ich zurückfahren könne. Von einem Rückflug war keine Rede mehr. Mir wurde weiter mitgeteilt, dass ich alles andere zugeschickt bekäme. Sie wollten meine Bankverbindung wissen, um mein Honorar überweisen zu können. Dabei erstaunte mich eine Ungerechtigkeit sehr. An Gleichstellung, wie bei mir schon verinnerlicht, war nicht zu denken. Es kam heraus, worüber ich schon vorinformiert war, es drehte sich um die versprochenen unterschiedlichen Honorare. Erstaunen auf meiner Seite, denn Frau Pack sollte 1.200 DM überwiesen bekommen, ich nur 750 Mark. Sofort wirbelten nicht ausgesprochene Fragen in meinem Kopf herum:

* Als was waren wir hier eingeladen worden?
* Als Gesprächspartnerinnen?
* Mit dem jeweiligen politischen Hintergrund?

* Um dabei sogar sozialen Status herzustellen?

> Im Zug beflügelte mich nur ein Gedanke: Erfülle Dir den vorhandenen Wunsch und schreibe an Deinen Aufzeichnungen weiter! Diese Erfahrungen festzuhalten, war mir ein großes Bedürfnis. Ein Griff in meine Tasche, einen Block in der Hand, es fehlte nur noch ein Stift. Der war gut verstaut in der Handtasche. Mein reservierter Sitzplatz war an einem Tisch, somit konnte ich die bereits angefangenen Aufzeichnungen vervollständigen.

Anhand dieser 17 schon etwas vergilbten Seiten handschriftlicher Aufzeichnungen konnte ich hier das Geschehen fast wörtlich wiedergeben. Was geschah im Saarland – im Landesvorstand der AsF? Die Geschichte ist nämlich noch nicht zu Ende. Zu Hause sortierte ich meine Dokumente, um sie im Landesvorstand der AsF zu präsentieren und um darüber berichten zu können. Damals war Brunhilde schon nicht mehr Landesvorsitzende, sondern Roswitha Hollinger. Im Ortsverein St. Johann hatte ich viele für solche Wiedergaben wesentliche Formalismen gelernt. Dieser Ortsverein St. Johann war der größte im Saarland, mit ungefähr 1.100 Mitgliedern und vielen prominenten PolitikerInnen. Ich fertigte wie gelernt eine Mappe an, die mir im Landesvorstand der AsF zum Herumreichen dienen sollte. Roswitha saß neben mir, sie bekam als erste die Mappe überreicht. Sie gab sie weiter, ohne nur einen Blick hineingeworfen zu haben. Das veranlasste alle anwesenden Frauen dazu, das Gleiche zu tun. Meine Mappe landete wieder bei mir. Eine Gelegenheit, über mein Erlebnis, auf das ich ja auch ein wenig stolz war, zu berichten, bekam ich nicht.

Wie wäre das heute? Ich würde nachfragen, ob vielleicht eine Genossin die Sendung gesehen hätte, ob es interessieren würde und was die Informationen wären, um dann zu berichten. Aber damals liefen schon im Hintergrund einige Tratschereien über meine immer noch laufende Kandidatur zur Nominierung in den Bundesvorstand der AsF, von denen ich nichts ahnte. Heute ist mir klar: Da hatte der damalige SPD-Landesvorsitzende Oskar Lafontaine seine Finger im Spiel. Ich füge an dieser Stelle eine Rede ein, die ich 1988 auf der außerordentlichen AsF-Bundeskonferenz in Mannheim gehalten habe. Es war eine Kritik über einige Inhalte von Oskars damals erschienen Buches *Die Gesellschaft der*

Zukunft. Reformpolitik in einer veränderten Welt (*Hoffmann und Campe, Hamburg 1988*), die von mir, aus meiner frauenpolitischen Perspektive, geschrieben worden war. Sollte dies ein Grund gewesen sein, meine Nominierung zu verhindern?

Zukunft Arbeit – Rede in Mannheim und Brief an Oskar

Liebe GenossInnen,

ich beziehe mich auf das Buch von Oskar Lafontaine, *Die Gesellschaft der Zukunft. Reformpolitik in einer veränderten Welt*, und muss meine Kritik einbringen. Wenn eine »Zukunftsperson« wie Oskar versucht, »Die Gesellschaft der Zukunft« in Buchform an die Frau oder an den Mann zu bringen, dann ist das für die Diskussion, die daraus entsteht, eine lobenswerte Geschichte. Wenn dann sogar ein Kapitel über »Aufbruch zur Gleichheit« verfasst wurde, ist das gut, egal wie aufgedrückt oder abgeschrieben es wirkt. Da dieses Buch sehr gute Verkaufszahlen hat, lesen die Informationen darin wohl auch sehr viele Menschen. Wie mich, ausgehend von meinem Sozialisationsprozess, das heißt, wie ich in dieser Gesellschaft eingeordnet werde, also als Hausfrau, gibt es viele Frauen. Ich muss feststellen, dass die Neudefinition des Begriffs Arbeit und die damit einhergehende Gleichwertigmachung aller gesellschaftlich nützlichen Arbeit, wie der Hausarbeit, mit der Erwerbsarbeit problematisch sein kann (Seite 221). Wie wir das erreichen könnten, großes Fragezeichen. Dabei wäre es so einfach. Inge Wettig-Danielmeier, unsere Bundesvorsitzende, weiß, wie es zu erreichen wäre. Sie formulierte in ihrem Euch vorliegendem Papier:

»Wir müssen darauf bestehen, gerade im Bereich Familienarbeit mehr und mehr zu verteilen und zwar auf die Männer oder schöner formuliert, auf unsere männlichen Partner.«

Es reicht nicht aus, die beiden gesellschaftlich relevanten Tätigkeiten Familienarbeit und Erwerbsarbeit verbal gleichzustellen, damit ist das Problem nicht gelöst. Ziel der Gleichstellung häuslicher und beruflicher Arbeit zwischen Frauen und Männern könnte auch suggerieren, dass dort, wo alle gleich viel, gleich nützlich und gleich bewertete Arbeit leisten, zum Beispiel der Aspekt der Bezahlung nur noch nebensächlich sein würde. Denn Oskar sagt, beziehungsweise fordert: Drastische Arbeitszeitverkürzung, aber nirgends, wie wichtig die tägliche Hausarbeit ist. In einer Gesellschaft, in der die Sicherung des Lebensstandards an Einkommen gebunden ist, in der nicht allein nützliche Tätigkeit, sondern auch die Einkommenshöhe über soziale Eigenständigkeit, über Möglichkeiten der Befriedung von Bedürfnissen und Wünschen und, ganz wichtig, die Selbstverwirklichung den sozialen Status bestimmt, muss über Bezahlung oder über eine andere Form, vielleicht im Dienstleistungsbereich, diese ganze Hausarbeit, Reproduktionsarbeit, wie immer wir es nennen wollen, umgestaltet werden. Es ist also höllisch aufzupassen, dass sich mit der Aufwertung der Familienarbeit zwar eine gewisse verbale Gleichheit erreichen lässt, aber gerade die Gleichheit könnte durch die vorgeschlagene familienfreundliche Organisation die Basis der Teilzeitarbeit zementieren. Da dies für Männer kaum infrage kommt und viele Frauen noch nicht begriffen haben, wie gefährlich das sein kann, wage ich hier und heute die These: Drei Millionen Teilzeit arbeitende Frauen, die von ihrem Verdienst mehrheitlich nicht leben können, wohl aber einen großen Teil gesellschaftlich nützlicher Arbeit leisten, leben uns die *Gesellschaft der Zukunft* schon vor. Eine im Spiegel-Interview vom 22. Februar 1988 an Oskar Lafontaine gestellte Frage lautete: »Wie erreichen wir, dass wir mehr Frauen in die Arbeitswelt bekommen?« Er antwortete mit einer Gegenfrage: »Warum eigentlich?«

Das, liebe Genossinnen, zur Anregung in dieser Diskussion *Zukunft Arbeit für Frauen*. Die Definition des Begriffs *Arbeit* als *Erwerbsarbeit* erachte ich als unbedingt forderungswürdig.

Mir ist es wichtig, an dieser Stelle meine Kritik zum Thema *Zukunft Arbeit*, die ich auch Oskar persönlich in einem Brief mitgeteilt habe, einzufügen.

Saarbrücken, den 21.4.1988

Lieber Oskar,

ich habe Dein neues Buch gelesen.
Gelesen? – Ich weiß nicht, ob frau so etwas lesen nennen kann, vielleicht durchackern, Thesen aufnehmen, Zusammenhänge analysieren (gutartig: Dich verstehen wollen, bösartig: auf frauenfreundliche Politik prüfen?). Wahrscheinlich ist von allem etwas dabei. Da ich seit 11 Jahren in dieser Partei und mit Dir im selben Ortsverein bin, habe ich Dir schon oft zugehört und denke, Dich von der politischen Seite her zu kennen, aber so logisch aneinandergereiht immer wieder nachlesbar neue und bekannte Thesen griffbereit in Buchformat zu besitzen, das war mir sehr wichtig.
Über das Kapitel mit der Definition des Begriffs ARBEIT, bei der zu leistenden Familienarbeit, sprich Reproduktionsarbeit, kann ich mich nur freuen und hoffen, dass diese Themen bei den männlichen Menschen in unserer Partei und in der Gesellschaft endlich Gedankengut werden. Die ganze Diskussion um Arbeitszeitverkürzung transportiere ich schon seit 3 Jahren, ohne Deine Thesen gekannt zu haben. Dieses ist in meiner politischen Meinung fest verankert durch den Arbeitskreis Grundsatzprogramm im Ortsverein St. Johann. Da waren wir in unseren Utopie-Gedanken schon bei der 20-Stundenwoche. Wir sagen, es geht uns nicht die Arbeit aus, sondern die Erwerbsarbeit.
Beispiel: Ich arbeite von morgens bis in die tiefe Nacht zu Hause und in der Partei und das immer und überall ohne Bezahlung.
Bei dem Kapitel Rüstung, Abrüstung, Friedenssicherung bis hin zur Europäisierung brauche ich Dich nicht zu überzeugen, dass wir da einer Meinung sind, ich bin Dir von Anfang an als positive Multiplikatorin dieser Thesen regelrecht gefolgt. Frauen haben übrigens, wie schon so oft (s. In-vitro-Fertilisation), vorausschauende Gedanken formuliert.
Am Sonntag vor Deiner Wahl zum Ministerpräsidenten, auf dem St. Johanner Markt, hast Du Euthymia Graßmann-Gratsia mit den Worten: »Mei Emanz'je« und mich mit: »Mei Friedensengel'sche« begrüßt. Heute würde ich dazu sagen: schubladendenkender Os-

kar. Damals war ich davon überzeugt, Du wolltest uns etwas Gutes sagen. Nun las ich das Kapitel »Aufbruch zur Arbeit« bis hin zum Ende des Buches. Der erste meiner Gedanken war, wenn dieses Buch, so wie es geschrieben ist, ganz und gar, aber auch mit allen Konsequenzen, Gedankengut von Oskar Lafontaine sein sollte, wäre es für alle Menschen in dieser Republik wirklich ein Segen und Du solltest, nein müsstest irgendwann größere Aufgaben übernehmen. Aber dann kamen mir doch Zweifel. Wie sah es denn wirklich mit der neuen Frauenfreundlichkeit aus von unserem Big-Boss?
Auf Seite 26 steht, Sprache ist verräterisch. Oh, ja Oskar, Sprache ist verräterisch. Sprache ist immer ein Teil der Gesinnung. Sprache ist Ausdruck des Denkens und in unserer Gesellschaft, wie auch bei Deiner Person, ist sie rigide männlich. Da stehen auf einer Seite (18) mit 33 Zeilen *nur* 13 Mal männliche Formen.
Du musst nicht, wie viele Genossen meinen, Deine Sprache verhunzen, so mit Schrägstrich und der Endung -innen und so weiter, aber geschickter wäre es schon gewesen, vielleicht auch glaubwürdiger, eine grundsätzliche Aussage an irgendeiner Stelle darüber zu machen. Du weißt doch, dass es Politikerinnen, Wählerinnen (die Du übrigens ganz besonders brauchst), Ingenieurinnen, ja sogar Fußballspielerinnen, also schlichtweg in allen Bereichen weibliche Wesen, sprich FRAUEN gibt.
Vielleicht eine vertane Chance?
Als ich mich mit dem Quellennachweis beschäftigte, fiel mir auf, dass Du trotz Gleichstellungskapitel nur ein Buch einer Frau zitiert hast: SEXISMUS: ÜBER DIE ABTREIBUNG DER FRAUENFRAGE, von Marielouise Janssen-Jurreit (Taschenbuchauflage 1985 beim Fischer-Verlag, Frankfurt am Main).
Es war sehr geschickt von Dir, gerade dieses, ein sehr ernst zu nehmendes, auch von der Wissenschaft anerkanntes, umfangreiches Frauenbuch zu nennen. Das könnte doch Pflichtlektüre in Deiner Regierung werden, so wie das Buch von Barbara Tuchmann in der Kennedy-Ära. Aber Du zitiertest ja noch nicht einmal hier die Gedanken von Marielouise, sondern wiederum die eines Mannes, die von José Ortega y Gasset. *Da wurde ich stutzig.* Wenn von den in

Deinem Buch angeführten mehr als 64 Buchtiteln und Zitaten nur ein einziges Frauenbuch vorkommt, das Zitat daraus aber auch von einem Mann stammt, wie sollte ich da wohl nicht stutzig werden? Mir drängt sich hierzu automatisch das Wort Glaubwürdigkeit auf. Aber ich denke, Du bist lernfähig.
Als ich Dich so am Anfang meiner Zugehörigkeit in dieser Partei reden hörte, verstand ich, unpolitisch wie ich damals war, vieles nicht. Danach platzen immer mehr Knoten und auch meine Lernfähigkeit bestätigte sich.
Beweis: Mut Dir zu schreiben.
Deine Lernfähigkeit?
Beweis: In Deinem Buch erwähnst Du den Artikel 3 aus dem Grundgesetz, Väter und Mütter schrieben das GG. Elisabeth Selbert hatte nach schwerem Kampf den wichtigsten Satz: »Männer und Frauen sind gleichberechtigt.« mitaufnehmen lassen. Dieses war in Deiner Grundsatzrede zur Europa- und Kommunalwahl 1984 noch nicht Sprachgebrauch, damals sprachst Du nur von Vätern. Vielleicht solltest Du einmal die vielen guten Frauenbroschüren und -bücher lesen.
Ich selbst werde oft missverstanden. Man(n) sagt, meine Sprache oder Gedanken seien männerfeindlich. Das ist eine Verdrehung der Begriffe, denn ich bin nur frauenfreundlich. Mein Standbein im politischen Leben ist die breite Basis der Frauenthemen.
Die Gesellschaft, die ich gern verwirklicht sähe, wäre:
feministischer,
demokratischer,
sozialistischer (was immer das bedeutet, könnte frau/man diskutieren).
Für mich (subjektiv) würde das so in dieser Reihenfolge gelten.
So, lieber Oskar und Genosse, ich komme ja mit Dir in keinen Dialog. Um Audienz will ich nicht bitten, um Dir Deine Zeit (kostbar) nicht zu stehlen, deshalb dieser kleine Monolog von mir.
Hoffnung?
Vielleicht kommt es ja doch einmal zu einem Dialog mit Dir? (Wunsch von mir)
Danke!

Mit feministischen, demokratischen
und sozialistischen Grüßen

Dolly

Ich habe noch nie ein Gespräch mit meinem damaligen Landesvorsitzenden gehabt. Und heute würde ich es mir auch nicht mehr wünschen. Mein Wunsch wäre, sein Buch jeder Genossin und jedem Genossen zu empfehlen, da es für mich damals schon richtungsweisend war. Grundsätzlich, trotz der von mir geschriebenen und gedachten Fehler. Vergleichend muss ich konstatieren: Wer spricht heute noch bei dem Bereich *Arbeit* von der *Erwerbsarbeit*? Oh, ich habe in der letzten Zeit doch einige wichtige Menschen vernommen, die die Arbeit, von der sie reden, richtig benennen. Der Philosoph Richard David Precht zum Beispiel in diversen Talk-Shows. Und wer differenziert zwischen den beiden Begriffen Erwerbsarbeit und Hausarbeit? Der Hintergrund ist für mich nun mal, dass das Substantiv *Erwerbsarbeit* den Menschen schon durch den Begriff Erwerb vermittelt: Für diese Tätigkeit bekomme ich Geld – Honorar, Gehalt oder Lohn. Mit viel Glück auch später Rente. Und für Hausarbeit gibt es nichts. In der Hauptsache ging es mir, wie schon erwähnt, um seine im Buch »zitierten *Männer*«, und wenn er eine Frau zitierte, dann auch noch aus deren Buch das Zitat eines Mannes. Für mich war, ist und bleibt das unausgewogen. Heute, drei Jahrzehnte später, würde ihm das meiner Einschätzung nach nicht mehr passieren. Schon gar nicht mit einer solchen Frau wie Sahra Wagenknecht an seiner Seite. Er könnte doch heute nicht mehr schreiben, dass er sich mit den Kernstücken eines solidarischen gesellschaftlichen Zukunftsprojektes auseinandersetzt, ohne Frauen zu integrieren und deren Thesen und Meinungen mit einzubinden.

Wie Oskars Buch rezensiert und beachtet wurde, ist an den nachstehenden Zeitungszitaten zu erkennen. In der *Rheinpfalz* Nr. 5 aus dem Jahre 1988 schrieb Frank J. Eichhorn:

> »Lafontaines Sozialismus, Wirtschaftsprogramm der SPD: Das schon etwas abgenutzte Wort der ökologischen Erneuerung der Industriegesellschaft übersetzt er mit der Formel: Runter mit den Kosten der Arbeit, hoch mit den Kosten des Energieverbrauchs. Das klingt gut. Tatsächlich würden nach SPD-Programm allein die

> Steuern auf den Energieverbrauch drastisch heraufgesetzt. Aber die Kosten der Arbeit werden noch nicht geringer, wenn die Lohnsteuer – wie es die SPD verlangt – vor allem bei den Empfängern niedriger Einkommen gesenkt und außerdem die Renten und Sozialleistungen erhöht werden. Allenfalls in einem Rechenmodell ginge dieses Patentrezept auf.«

Ich würde dazu heute kommentieren, dieses Buch wurde damals rein aus der ökonomischen Perspektive geschrieben. Drei Jahrzehnte später erscheint diese Sichtweise nicht mehr angemessen. Wir sollten nicht mehr nur von der Wirtschaft und damit der Industriegesellschaft ausgehen, sondern von der digitalen Gesellschaft, und schon stimmt der Titel, mit vielen Visionen, die im Buch beschrieben werden.

Mich trifft heute sowohl in der Politik, als auch in der Gesellschaft, in der Hauptsache der *Rechtsruck* und er bedeutet für mich die Rückkehr zum Konservatismus in meiner eigenen Partei, was viele wichtige Inhalte angeht. So ist es mir an dieser Stelle erneut ein großes Bedürfnis zu wiederholen: Was mich immer und immer wieder zu kritischen Äußerungen anregt ist, dass meine GenossInnen Termini nicht benützen, die schon ewig durchgesetzt und Beschlusslage sind. Sie werden vergessen und gehen verloren. Es ist der Begriff *Arbeit*. Damit ist selbstverständlich die *Erwerbsarbeit* gemeint. Wo bleibt dabei die Haus- und Familienarbeit? Mir ist klar, dass damit die Arbeit gemeint ist, für die Menschen einen Lohn, ein Gehalt oder ein anderes Entgelt bekommen. Ich konstatiere dies wieder und wieder zur Lebensgrundlage von Frauen, die in unserer Gesellschaft immer noch die ärmsten dieser Republik darstellen. Was dann auch noch zu erwähnen wäre, für diese *Erwerbsarbeit*, mit dem was während ihrer Jahre angehäuft wurde, gibt es später eventuell Renten. Dabei spielt selbstverständlich die Höhe eine große Rolle. In die Kategorie von Frauen mit wenig Rente falle ich heute selbst. Das hat Oskar in seinem Buch hervorragend thematisiert. Aber die Frauenseite zu beachten, war damals weder in der Mitte der SPD, noch in der Gesellschaft angekommen. Das könnte sich heute wohl niemand mehr leisten. Oder – leider doch! Denn wenn ich das einfordere, werde ich angekläfft oder ausgelacht. Für mich ist noch ein Zitat von Kurt Biedenkopf aus dem Magazin *natur* 5/88, spannend:

> »Die prinzipiellen Unterscheidungen dagegen bauen sich zunehmend ab. Dies wird auch deutlich in den Aussagen zur Neugestaltung der Arbeit in der modernen Industriegesellschaft. Mit ihr greift Lafontaine ein zentrales innenpolitisches Thema auf.«

Ersetzen wir, wie beschrieben, die »moderne Industriegesellschaft« mit »die moderne Digitalgesellschaft«, dann sind es heute die gleichen Probleme. Das Zitat, welches das Magazin für die Beurteilung benutzte, gibt erst recht eine aus heutiger Sichtweise spannende Äußerung wieder:

> »Die Gesellschaft erschauert unter dem ökologischen Risiko. Die Volksparteien gleichen sich an. Selbst die Vor- und Querdenker sind einander nahe. LINKS IN DER MITTE. Zeiten des Umbruchs sind Zeiten der Unsicherheit.«

Das ist, wie ich es heute, 2018, sehe und täglich wahrnehme, bei Koalitionen, die nicht zustande kommen, genau so. Und der erste Satz könnte gestern geschrieben worden sein. Ein prägnantes Beispiel, die nicht zustande gekommene Jamaika-Koalition. Danach schwebte eine andere Regierungskonstellation im Raum, wie wir sie in den letzten 70 Jahren in unserer Republik noch nie erlebt hatten. Sie diente sogar der Angsterzeugung. Aber für die Demokratie wäre es vielleicht aus meiner Sicht sehr gut gewesen. Eine Minderheiten-Regierung? Dabei wäre ich sogar froh gewesen, wenn Frau Merkel sich einmal für anstehende, kontrovers diskutierte Aufgaben Mehrheiten hätte suchen müssen. Die beiden großen sogenannten Volksparteien hatten sich in der vergangenen Koalition immer mehr in die sogenannte Mitte bewegt. Dabei wäre für mich ganz wichtig gewesen, wenn meine Partei sich endlich wieder an ihre Wurzeln erinnert hätte. Nämlich *links* der Mitte. Klare Positionen formulieren. So viel müssten wir gar nicht neu erforschen und den Begriff »erneuern« nicht immer wieder benutzen. Reformieren, in die Zukunft orientieren und alte Forderungen, die wir, als wir in der Regierung mitverantwortlich waren und durch die Union nicht hinbekommen haben, also sozialdemokratische Forderungen erneut einbringen und durchsetzen. Die Zeit ist reifer denn je.

Heute weiß ich, was mein damaliges Problem war, das heißt wie das mit meiner Kandidatur gelaufen ist, warum sie letztlich erfolglos war.

Ich habe es erst als alte Frau erfahren und es hat mich wieder ein wenig schlauer gemacht, doch es war auch ein Schlag ins Gesicht.
Vor gar nicht langer Zeit hat mir eine Genossin mitgeteilt, dass Oskar Funktionsträgerinnen der SPD zu einem Vorsondierungsgespräch zu sich eingeladen haben soll, um über meine Kandidatur für den Bundesvorstand der AsF zu befinden. Er soll als Schlusspunkt festgestellt haben:

»Ihr könnt mir alle schicken, nur nicht die Dolly.«

Wie beschrieben, war ich da bereits auf der AsF-Ortsvereinsebene wie auch auf der Unterbezirksebene nominiert. Nachstehend ein Bericht der *Saarbrücker Zeitung*. Brauche ich den Beweis? Zum besseren Verständnis – ich denke – ja!

Saarbrücker Zeitung vom 12. November 1988:

AsF wählte Delegierte

Thp. Altenkessel. Durch Rücktritte notwendig gewordene Vorstandswahlen sowie die Wahl von 40 Delegierten zur Landeskonferenz standen im Mittelpunkt einer außerordentlichen Delegiertenkonferenz der Arbeitsgemeinschaft sozialdemokratischer Frauen (AsF) im Unterbezirk Saarbrücken-Stadt, zu der die Vorsitzende Elke Ferner zahlreiche Parteifreunde im Bürgerhaus Rockershausen begrüßen konnte.
Bevor die Versammlung zu den einzelnen Wahlgängen überging, schenkte sie den Ausführungen von Dr. Ilse Spangenberg, Dozentin an der Universität des Saarlandes, Gehör, die in ihrem Referat zum Thema »70 Jahre Frauenwahlrecht« die Entwicklung und Auswirkungen des allgemeinen gleichen Wahlrechts (seit 1871) und im Besonderen des 1918 erst gültigen Frauenwahlrechts näher erläuterte. Danach wurde schließlich Dolly Hüther, die in »der Gleichstellung der Frau in Partei und Gesellschaft« und »der Vereinbarkeit von Familie und Beruf« ihre Anliegen sieht, zur Kandidatin für den AsF-Bundesvorstand nominiert. Als Nachfolgerin der aus beruflichen Gründen zurückgetretenen Marie-Luise Innocent wurde Britta Blau (Alt-Saarbrücken) zur neuen stellvertretenden Vorsitzenden gewählt. Als neue Besitzerin fungiert zukünftig Edel Mihm. Die Wahl von 40 Landesdelegierten aus den neun Bezirks-

verbänden sowie die Beratung zahlreicher Anträge beschloss die Delegiertenkonferenz.

Brunhilde, die zu dieser Zeit das Saarland noch als Beisitzerin im Bundesvorstand der AsF vertrat, wollte nicht mehr kandidieren. Sie war auch inzwischen Ministerin und ihr waren das, wie sie selbst formulierte, zu viele Ämter. So werden *Genossinnen* verhindert. Nach vielen Jahren herauszubekommen, dass die Frauen sich von Oskar vor den Karren spannen lassen und gehorcht haben, ist für mich selbst im Nachhinein bemerkenswert. Der Bundesvorstand hatte mit den mir sehr bekannten Frauen wie Karin Hempel-Soos, Karin Junker, Christa Randzio-Plath, Inge Wettig-Danielmeier, Eva Rühmkorf und vielen anderen besprochen und mir mitgeteilt, ich würde den Bundesvorstand bereichern. Mich machte und macht es ein wenig traurig, dass meine damals beste SPD-Freundin auch bei dem Vorsondierungsgespräch bei Oskar gewesen sein soll. Das hat mich fast gekränkt. Ich habe ihr das Parteibuch gebracht und sie lässt sich von Oskar einvernehmen, mir meinen Posten hier im Saarland als Stellvertretende Landesvorsitzende der AsF wegzunehmen. Warum das geschah, ist mir inzwischen klar. Wenn eine Person ohne Funktion hier aus dem Saarland in Bonn kandidieren wollte und keine Funktionen aus ihrem Bundesland mehr mitbrächte, um sie dort vorweisen zu können, würde sie auf Bundesebene eben nicht gewählt. So einfach sei das. Die Genossin und frühere Ministerin, die mir das alles »liebevoll« mitgeteilt hat, möchte ich nicht nennen. Sie hatten sogar schon eine Nachfolgerin für mich als Stellvertretende Landesvorsitzende der AsF ausgewählt. Es handelte sich um Marlene Wagner, die von mir verehrte Genossin und Beisitzerin aus dem AsF-Landesvorstand.

Traurig. – Sehr traurig.

Ab jetzt fällt es mir sehr schwer zu schildern, wie sich die Dinge dann damals entwickelt haben. Der Vollständigkeit halber muss ich es aber erzählen. Noch nichts ahnend von den Ränkeschmieden im Hintergrund, was meine Nominierung betraf, geschah diese noch heute für mich grausame Geschichte. Sie geschah innerhalb meiner Familie. Ich bin sicher, dass mir das, wie ich mich entschied, aus heutiger Sicht nachempfunden werden kann, den Entschluss, von dieser Kandidatur zurückzutreten, sogar leicht gemacht hat. Leicht vielleicht insofern, als dass ich selbst zurücktreten konnte, statt hinauskomplimentiert zu werden.

Vor einer AsF-Vorstandssitzung im Landtag klingelte früh um sechs Uhr das Telefon Sturm. Mein Sohn teilte mir mit, dass sich der älteste Sohn meiner Schwester zusammen mit seiner Frau umgebracht habe. Sie hätten sich erhängt. Er war mein Patenkind. Sie hatten ihre schwere Aidserkrankung nicht mehr ertragen. Es ist über 30 Jahre her und tut immer noch weh. Ich war am Boden zerstört. Zur dieser Landesvorstandsitzung kam ich in schwarzen Kleidern und völlig umgestaltet in den Landtag. Meine Genossinnen erkannten mich beinahe nicht, so sehr hatte ich mich verändert. Die verweinten Augen mit einer großen Sonnenbrille verdeckt. Ich setzte mich gar nicht erst hin, sondern verkündete, dass ich meine Kandidatur zurückziehen würde. Begründete nur kurz und ging. Damit war das Kapitel abgeschossen. Wieder einer der schon oft beschriebenen Lernprozesse, für mich von enormem Ausmaß. Es ist gut, dass ich mir diese Geschichte einmal von der Seele schreiben konnte. Aber von einer Genossin erst jetzt den eigentlichen Hintergrund erfahren zu haben, macht selbst heute noch traurig. Im Nachhinein hatte es aber auch was Gutes für mich: Meine Lernziele habe ich danach auf die Uni verlegt.
Dennoch gibt es auch viele gute Erinnerungen aus der Zeit. Toll, dass ich noch Unterlagen fand, wie hilfreich Brunhilde Peter war. Sie gab mir die Einladungen eines Kongresses weiter, bei dem ich sie vertreten durfte.

Bericht der 7. Bundesfrauenkonferenz 1985 in Hannover

Unter dem Motto »Schwestern zur Sonne zur Gleichheit« fand vom 4. bis 6. Oktober 1985 in Hannover die siebte Bundesfrauenkonferenz statt.
Die Diskussion sollte dieses Mal soweit wie möglich allen Frauen Gelegenheit geben, miteinander zu sprechen. Aus diesem Grund haben die Frauen des Bundesvorstandes mit der Dipl.-Psychologin Marina Möller-Gambaroff eine neue Tagungsform ausprobiert. Mithilfe eines Computers wurden auf eine Karte für 3 Tage 3

Punkte mit Zahlen geklebt. Die Tische wurden durchnummeriert. An diesen wurden alle Schwerpunkte diskutiert. Es war also gewährleistet, dass jede Frau mit jeder Frau sprechen konnte und nicht, wie auf allen Konferenzen vorher, nur ganz spezielle Frauen, nennen wir sie Wortführerinnen. Diese neue Form wurde von der Konferenz und der Presse gut aufgenommen und positiv wiedergegeben. Schon im Antragspaket haben sich drei Schwerpunkte herauskristallisiert:

Block A: Zukunft der Arbeit: Anders leben – anders arbeiten.
Block B: Quotierung, die innerparteiliche Gleichstellung: Neue Wege – alte Ziele, Umsetzung der Gleichstellung von Frauen und Männern.
Block C: Kinder um jeden Preis: Gentechnologie.

Zu den inhaltlichen Schwerpunkten haben drei Frauen ihre Thesen dargelegt.

Barbelies Wiegmann referierte zum Thema »Zukunft der Arbeit«. Sie versuchte eine Analyse der Erwerbs- und Reproduktionsarbeit.

Zwei ihrer Thesen:

1. Männer werden zu harten Erfolgsmenschen dressiert mit den bekannten männlichen Eigenschaften: stark, hart, durchsetzungsfähig und so weiter.
2. Frauen werden für die Reproduktionsarbeit, also Familie, Privatbereich, für Kinder und Beziehungen erzogen, mit den bekannten weiblichen Eigenschaften: zärtlich, duldsam, dienend und so weiter. Mit dem bekannten Ergebnis: Wir leben in einer Gesellschaft, in der Plastik immer dauerhafter, in der Autos immer schneller und Bomben immer tödlicher werden, in der Erde, Luft und Wasser vergiftet sind.

Chance: Anders Leben – anders arbeiten? Vielleicht haben heute nur Frauen die Kraft, unsere Gesellschaft von Grund auf zu verändern.
Die Zeit ist da, in der Frauen sich auf diese Kraft besinnen. Arbeit und Leben nicht mehr als Gegensatz, sondern als Einheit zu sehen. Arbeit im Leben.

Inge Wettig-Danielmeier hat zu diesem Thema ein Argumentationspapier erarbeitet und damit auch gleichzeitig, wie die Antragskommission, einen Beitrag zur Programmdiskussion geliefert. Beide Papiere erläutern, wie die SPD aus der Sicht der Frauen ihr neues Godesberger Programm ändern kann.

Zwei ihrer Thesen:

1. Die SPD strebt eine Gesellschaft an, in der die Frauen und Männer gleichermaßen in Beruf, Familie und Gesellschaft tätig sein können.
2. Die Erwerbsarbeit hat einen zentralen Stellenwert im Leben eines Menschen.

Als Chancen sieht sie dann: Alle Arbeitsbereiche müssen so gestaltet werden, dass es allen Menschen möglich wird, Erwerbsarbeit, Eigenarbeit und ehrenamtliche Tätigkeit zu vereinbaren. Angesichts der enormen Umwälzung der gesamten Arbeitswelt können wir uns das Brachliegen »weiblicher Fähigkeiten« wie Kreativität, Phantasie, nicht länger leisten.
Gefordert ist die Fähigkeit zur Kooperation, zum Eingehen auf andere Menschen und die jeweilige Situation.

Eva Rühmkorf erläuterte Möglichkeiten der Umsetzung von innerparteilicher Gleichstellung. Taktiken und Strategien sollten entwickelt werden, um endlich nach fast 100 Jahren die Repräsentanz von Frauen in Mandaten und Funktionen zu erhöhen.

Heute ist die nicht erfüllte Forderung 133 Jahre alt.

Zwei ihrer Thesen:

1. Es geht nur scheinbar um wirklich neue Wege, sondern vielmehr darum, bekannte Strategien darauf zu überprüfen, ob sie zur Erreichung unserer Ziele geeignet sind.
2. Bei der Entscheidung von Strategien können (müssen) wir aus den Erfahrungen der ersten Frauenbewegung, aus der Erfahrung der ArbeiteInnenbewegung und aus den eigenen Erfahrungen seit Mitte der 1960er-Jahre lernen.

Chancen: Schwesterlichkeit und Solidarität. Gleichstellung werden wir nur dann realisieren, wenn wir Frauen dieses Ziel zum eigenständigen politischen Postulat erklären, wenn wir zur Erreichung dieses Ziels das Gemeinsame über das Trennende stellen, wenn wir (andere) Frauen stützen und ermutigen.

Ja, sage ich: Wenn wir uns in unserer Differenz akzeptieren. In Italien wie auch in Frankreich liefen zu dieser Zeit ebenfalls starke Diskussionen. Für mich war das Geschenk eines Buches der Mailänder Frauen richtungweisend. Die Feministinnen vom Frauenbuchladen in Mailand formulierten das, was auf unserer Frauenkonferenz gefordert wurde, unter dem Begriff: affidamento*, was so viel bedeutet wie: *anvertrauen, sich anvertrauen, eine Frau stützt der anderen das Kreuz.* Ein stets aktuelles Buch, auch nach drei Jahrzehnten.

Auf der Bundeskonferenz wurden klare Ziele formuliert:

* Gleichstellungsstellen oder -beauftragte auf allen Ebenen
* Quotierung bei Ämtern und Funktionen
* Frauenförderpläne in allen Bereichen

Es gab, wie zu erwarten war, zu diesem Thema und zu dem Antragskomplex eine starke, manchmal auch kontroverse Diskussion.
Willy Brandt, Gerhard Schröder, Inge Wettig-Danielmeier, Anke Martiny-Glotz und viele Frauen aus den einzelnen Bundesländern berichteten von ihren Erfahrungen. Die Stimmung der Konferenz schlug zugunsten der Quotierung um.
Zu diesem Quotierungsvotum führte folgende geschichtliche Entwicklung:
1902 – Gründung einer Frauengruppe: »Kampf für das Wahlrecht«
1919 – 17 Jahre später die erste Wahl mit Frauen. 9,6 Prozent Frauen zogen in die Nationalversammlung ein.

*In der Praxis bedeutet das, dass sich eine Frau, die sich eine soziale Existenz verschaffen möchte, eine andere Frau, welche für sie ein »Mehr« verkörpert, als Vermittlungsinstanz zwischen sich und der Welt sucht. Anders als in der Politik der Emanzipation, wo die Frau sich an männliche Vermittlungsinstanzen wendet. (Quelle: Libreria delle donne di Milano: Wie weibliche Freiheit entsteht. Eine neue politische Praxis. Orlanda-Frauenverlag, 2. Aufl. Berlin 1989. 37 Frauen schrieben dieses Werk, darunter so renommierte Feministinnen wie die Philosophin Luisa Muraro.)

1949 – Im Grundgesetz verankerte Gleichstellung von Mann und Frau.
1971 – Satzungsänderung in der Partei; es können AGs gegründet werden.
1973 – AsF-Gründung, um die Gleichstellung in der Partei und im täglichen Leben zu verwirklichen.

Bis heute nicht verwirklicht.

1977 – Siegener (AsF-)Kongress, Motto: »Lass die Pfoten von den Quoten«. Gründe die aus damaliger Sicht der Frauen gegen die Quotierung sprachen:

* Es ist problematisch anzusehen, dass politische Arbeit und Mitarbeit in den Parteien als Kriterien für eine Kandidatur nicht ausreichend gelten.
* Der Anschein, dass Frauen aufgrund ihrer Geschlechtszugehörigkeit ein »Mandat« verliehen wird, ist nur schwer zu vermeiden.
* Es ist zu befürchten, dass bei Bewerberinnen (bei quotengeschützten Kandidaturen) die Frauen gegeneinander ausgespielt werden und dass dadurch die wachsende SOLIDARITÄT unter Frauen beeinträchtigt wird.
* Dadurch, dass in der Partei entschieden werden muss, welche Wahlkreise mit Genossinnen und welche mit Genossen zu besetzen sind, wird das Prinzip demokratischer Wahlen unterlaufen. Dieses kann nicht im Interesse der Partei sein.

Beschlusslage in der Partei auf den nächsten Bundesparteitagen:
1977 – Mehrheitsbeschluss gegen Quotierung.
1979 – In Erlangen knappes Ergebnis gegen Quotierung.
1981 – In Bad Godesberg Ergebnis gegen Quotierung.
1983 – In Bad Godesberg Ergebnis gegen Quotierung.
1985 – In Hannover klares Ergebnis für die Quotierung, mit der Formulierung:
In das Organisationsstatut wird die Bestimmung aufgenommen, dass in allen Entscheidungsgremien sowie bei der Besetzung aller Funktionen und Mandate mindestens 40 Prozent eines jeden Geschlechtes vertreten

sein müssen. In einem kongruierenden Antrag, der mit den Zielvorstellungen des Parteirates im Prinzip übereinstimmt, sind folgende Stufen, Rahmenbedingungen und Sanktionen zur Verwirklichung, der innerparteilichen Gleichstellung, vorgesehen:

* Für die nächste Europa-, Bundestags-, und Landtagswahlen muss der Mandatsanteil der Frauen der Mitgliederzahl entsprechend mindestens 30 Prozent betragen.
* Die jeweils darauffolgenden Wahlen sollen dann eine Steigerung von 10 Prozent, die jeweils übernächsten Wahlen die 50 Prozent erreichen.

Sollen, wieder einmal nicht müssen.

* Zusammen mit ausgeprägten Vorstellungen über innerparteiliche Gleichstellung im Normalbetrieb der Partei auf allen Organisationsebenen und den Vorstellungen über die notwendigen Bildungsanstrengungen für Frauen, um die Gleichstellung auch realisieren zu können, wurden mit diesem Antrag auch die Forderungen nach Sanktionen bei »Nichteinhaltung der Quoten« verabschiedet.

Gründe und Hintergründe, die zu diesem Quotierungsbeschluss beitrugen: In Bonn sind im Parlament 11 Prozent Frauen vertreten. Wir Frauen haben in 66 Jahren auf freiwilliger Basis unseren Frauenanteil um 1,4 Prozent gesteigert.
Die Geduld der Frauen ist am Ende:

Frauen im europäischen Raum wie in Norwegen, Schweden, Österreich und Frankreich haben uns gezeigt, dass die Gleichstellung nur mit Druck zu verwirklichen ist. Dieses Thema hat die Parteispitze schon stark bewegt und sie hat dieses Thema in eigenen Programmen und Beschlüssen dokumentiert, zum Beispiel:

1. Orientierungsrahmen 1975–1985
2. Essener Parteitag mit der einstimmigen Verabschiedung der Antrages 596.
3. »Gleichstellung der Frauen in der SPD« mit klaren Zielvorgaben, die fast nirgends erreicht wurden.

Diese wichtigen Themen müssten in allen Ortsvereinen diskutiert werden. Auftrag der Bundesfrauenkonferenz an uns.

Inge von Bönninghausen referierte zu dem Thema »Kinder um jeden Preis«. Ihre etwas satirische Einleitung: »Neues aus der Gentechnik: ›Die Kreuzung zwischen Sparschwein und Otto-Motor ist gelungen und das ist der Fiat Panda.‹«

Zwei ihrer Thesen:

1. Die Gebärfähigkeit wird zerstückelt, jedes Einzelstück kontrolliert und manipuliert.
2. Technologische Diskussionen finden nur unter Männern, wie Medizinern, Theologen und Juristen statt.

Die Konferenz hat sich gegen In-vitro-Fertilisation, Embryotransfer, Leihmutterschaften und Samenbanken ausgesprochen. Die Konferenz hat außerdem beschossen, zu diesem Themenkomplex eine Fachkonferenz auf allerhöchster Ebene abzuhalten, um in die Grundsatzdiskussion zwar spät, aber vielleicht nicht zu spät einzusteigen.

Aufgelockert wurde soviel Inhalt durch die Gesangsgruppe »Rotkehlchen«, mit gymnastischen Übungen. Danach kabarettistische Einlagen durch Karin Hempel-Soos, einer wunderbaren Kabarettistin und Buchautorin. Nie hat eine Bundesfrauenkonferenz in der Presse und in den Medien soviel positive Rückmeldungen erfahren.

Die beiden Redebeiträge, die meine von mir sehr verehrte Genossin Karin Hempel-Soos auf der 8. ordentlichen Bundesfrauenkonferenz, 16. bis 18. Oktober 1987, in Mannheim gehalten hat, muss ich Ihnen gönnen. Ich war anwesend und hatte vorher auch eine Rede gehalten. Karins Beiträge sind schon alleine deshalb wichtig, weil Sie sehen können, dass Politik auch lustig sein kann. Leider ist Karin schon tot. Ich vermisse sie sehr. Die siebte Bundesfrauenkonferenz hatte sie, wie oben beschrieben, mit vielen kabarettistischen Einlagen aufgelockert. Sie hat sich in meine Gedanken und in mein Herz eingegraben. Und jetzt finde ich die Dokumentation des sozialdemokratischen Informationsdienstes der Arbeitsgemeinschaft sozialdemokratischer Frauen, Dokumente

Nr. 27, und Karin steht vor mir. Imposant, wunderschönes langes, rotes Haar und stimmgewaltig, so lasse ich sie jetzt selbst sprechen.

»Märchenhaftes«
von Karin Hempel-Soos

Genoveva, Allerleirauh, Schneeweißchen, Schneewittchen, das Sterntalermädchen und das Gretel vom Hänsel hatten ihre süßen Märchenschnäuzchen mal wieder gestrichen voll. Und so schickten sie ihre Hirsch- und sonstigen Zauberkühe mit einer Botschaft zu den entferntesten Höhlen, Wildnissen, verwunschenen Burgen, verrottenden Kerkern und luden zu einem internationalen Märchenkongreß der verschleppten, vergewaltigten und entmündigten Prinzessinnen, Jungfrauen und Gänselieseln ein.
Nach einem ziemlich langen Erfahrungspalaver wurden seit Jahrtausenden überfällige Beschlüsse gefasst:

* mindestens 40 Prozent aller Hexen sind männlich.
* Märchenfrauen befreien sich ab sofort selbst. Von Aschenbrödel bis Schneewittchen darf kein Prinz mehr Hand anlegen, um dann die »Geretteten« zu Dienst- und Bettleistungszwecken auf seine Besitzungen zu verschleppen.
* Unter der Leitung von Frau Holle wird eine Asservatenkammer von gestochenen Spindeln, geätzten Kämmen, vergifteten Äpfeln, Lebkuchen und gläsernen Särgen angelegt. Ausleihe der Gegenstände nur an Frauen nach Vorlage eines überzeugenden Männerfeindlichkeitsbildes.
* SPD- und andere Märchenfrauen treffen sich regelmäßig zu Selbstverteidigungslehrgängen.
* Gemeinsam mit den Schwestern von der Aschenbrödelgewerkschaft wird dann eine neue Heimat aufgebaut.

Und da wir schon so oft gestorben sind, werden wir auch das überleben.

Der zweite Beitrag ist insofern nicht auszulassen, da er direkt nach Oskars Grußworten von ihr zelebriert wurde. Niemand kann sich vorstellen, was im Saal los war, wie oft Karin von Beifallsstürmen unterbrochen wurde – bevor die Aussprache über die Thesen zur Zukunft der Arbeit und zur Gleichstellung von Mann und Frau abgehandelt und beschlossen wurden.

»Der Mann an unserer Seite ...«
von Karin Hempel-Soos

Der Mann an unserer Seite, BUNDESKANZLER KOHL, hat gesagt, die vielen attraktiven wie arbeitsamen deutschen Frauen gehörten zum natürlichen Reichtum unseres Landes.

Reichtümer gehören ausgebeutet, ihr lieben Bundesschätzchen!
Der Mann an unserer Seite macht es möglich!
Der Mann an unserer Seite. Der Mann in uns. Der Räuberspieß!

Der Mann. Ein Schmuckstück uns, ein Accessoire. Eine Modeerscheinung. Dressmann – vielleicht die Koseformel für dressierten Mann?

Und wer hat ihn dressiert? Die Mütter, die Mütter schreit die Geschichte und schreien ihre SCHREIBER uns entgegen. Denn galt denn nicht von Anfang an, dass frau die körperlichen Schwächen durch geschickteren Einsatz des Verstandes auszugleichen in der Lage sei?

Was muss passiert sein, dass Frauen heute aus einer Abseite kämpfend operieren müssen?!

Wer hat gejubelt – frei und willig – als meistens junge und unerfahrene Männer sich mehrfach jenem Moloch Krieg zum Opfer warfen – 1870/71 und 1914/18 – später? Auch Frauen. Ein ganzes Volk im 1000jährigen Rausch. Und das nun nach bitterster Erfahrung. Auch da ein Mann, ein Held? An unserer Seite?

Oh Mann!

Oh Mann, so viele Seiten wie ich habe, kann's Männer gar nicht geben!

Oh Lafontaine – oh Dornenvögel!

Ein bisschen Oskar, ein bisschen Bonaparte – soll so der Mann sein, auf den ich ewig warte? Wer ist der Märchenprinz? Ist er vonnöten?

Wir schluckten schon genügend Kröten, nach tausend Opferküssen ward daraus kein Prinz!

Doch und aber – unsere Männer! Besser als die anderen Handelsklassen zwar, haben es nicht einfach an unserer Seite, denn was/ wer/ wie sind wir denn schon an ihrer Seite?

Die bessere Hälfte? Die rechte Hand zum spielen für die erste Geige? Die Gattin, Assistentin, Sekretärin, Mein-eidschwörerin: die mehrfach Wirkende und Schaffende?

Und was ist er, der Mann an unserer Seite? Ach nehmen wir doch einmal eine Frau, repräsentativ auf alle Fälle: Inge Wettig-Danielmeier ist als AsF-Vorsitzende gut für mehr als einen Mann.

Der Mann an ihrer Seite

1. Jochen Vogel. Parteivorsitzender
2. Mann Programmkommissionsvorsitzender, Erhard Eppler
3. Mann Gleichstellungsvorsitzender, Lafontaine
4. Mann Landesvorsitzender, Gerhard Schröder und, und, und ...

Oh arme Inge!
Der Mann an unserer Seite ist sehr wohl zeitgemäß, er bedarf der Schonung.

Er macht aus Mitleid für uns leidend sich kaputt, auch privat. Viele Männer gehen nur deshalb abends in die Kneipe, weil sie nicht mit ansehen können, wie sich ihre Frauen nach getaner Arbeit abends in der Küche abplagen müssen.
Der Mann an unserer Seite bedarf deshalb der Förderung. Ein Männerförderungsplan muss sofort in Angriff genommen werden, beispielsweise für Volker Hauff, der Kernenergie durch Erotik ersetzen wollte. Für Oskar, unseren programmatischen Dauerspender. Und auch für Jochen Vogel, der über die AsF zur Vereinbarkeit von Lustmodell und Genossenschaftsprinzip kam.

Die Männer an unserer Seite sind modellhaft, sind auslaufende Modelle, und werden uns mit zunehmendem Alter und sinkender Motorenleistung immer teurer.

Da sind wirklich vertrauensbildende Maßnahmen gefragt. Also erst mal ab ins Männergenesungswerk, dann ins Platzhirschmuseum, dort an den Mumienstammtisch; und dann Frauen, dürfen wir wieder wedeln für die Männer an unserer Seite – wir dürfen sie endlich abstauben.

Trotz allem bleibt der Satz: »Aber jede Frau hat einen Mann, den sie liebt und der anders ist, als Männer an sich.« Das schwächt die Bewegung und erklärt den Kanzler Kohl.

Ich bin fest überzeugt: Sie hatten gerade den gleichen Spaß wie ich damals, 1987, als auch heute beim Abschreiben.
Eine wichtige Erklärung gehört zum Abschluss des Themas noch angefügt. »Neudefinition des Wortes *Arbeit*«. Von der Konferenz mit diesem Auftrag zurückgekehrt, trug ich die Forderung in einigen Ortsvereinen und AGs vor, so im Ortsverein St. Johann am 9. Juli 1988.

Arbeitskreis Definition ARBEIT!

»Frauen sind die Hälfte der Weltbevölkerung, leisten fast zwei Drittel der Arbeitsstunden, sie erhalten ein Zehntel des Welteinkommens und besitzen weniger als ein Hundertstel des Eigentums der Welt.«(Aus dem United Nations Report 1980)

Liebe Genossinnen,

da ein Beruf und die damit verbundene Erwerbsarbeit immer noch die wichtigste identitätstiftende Tätigkeit ist, muss in unserer Partei die *Vereinbarkeit von Familie und Erwerbsarbeit* einen höheren Stellenwert erhalten.

Da wir Frauen einerseits von der jetzigen Regierung, wie eigentlich die Geschichte lehrt, auch schon immer als Reserve benutzt wurden und andererseits eine Erwerbstätigkeit zu besitzen Unabhängigkeit bedeutet, die Erwerbsarbeitslosenzahlen aber ständig steigen und immer mehr Frauen eine eigene Erwerbsarbeit wollen, sollten wir uns an der Diskussion *Die Gesellschaft der Zukunft* oder *Zukunft der Arbeit* beteiligen. Wenn es dabei für uns Frauen um so wichtige Dinge wie die Definition des Begriffs *Arbeit* geht, dann müssen wir wach sein und sollten uns nicht wieder von *Män-*

nern, sprich Politikern, diesen Begriff definieren lassen, sondern ihn selbst erläutern und ihm eine Bedeutung geben. Ich habe mir diesen Arbeitskreis selbst ausgesucht und gewünscht, weil ich in der Rolle der Hausfrau in dem zu deutenden Begriff *Arbeit*, zurzeit noch nicht vorkomme und mich auch nicht finden kann. Wird von Arbeit geredet, dann meinen die Genossen in der Partei, der Gewerkschaft und auch die Menschen in der Gesellschaft, *die Erwerbsarbeit.* August Bebel, der große Vorkämpfer des Sozialismus, wusste das auch schon theoretisch, aber nur theoretisch:
»Es gibt keine Befreiung der Menschheit ohne die soziale Unabhängigkeit und Gleichstellung der Geschlechter.«
Wir Genossinnen wissen es besser, dass er praktisch ohne seine liebevolle, hingebende und allzeit opferbereite Frau sein Leben, so wie er es gelebt hat, nie hätte leben können. Da aber Erziehungs- und Hausarbeit in unserem sozialen System *keine* Leistung ist, müssen wir Frauen in der SPD Theorie und Praxis zusammenbringen, zumindest helfen, dass dies vorangetrieben wird. Die Frauenfrage ist in ihrem Kern ein strukturelles Problem der Industriegesellschaft. Also gibt es nur eine Aufgabe, Umgestaltung eben dieser Industriegesellschaft, im Sinne einer familienfreundlichen Organisation der Berufswelt.

Der Familienbegriff ist zu erweitern.

Aus den wichtigen Forderungen über Erneuerungen bei der geschilderten 7. Bundesfrauenkonferenz in Hannover wird klar, dass die Frauen, welche die Konferenz vorbereitet hatten, sich etwas Neues haben einfallen lassen. Es war die neue Tagungsform, um jede anwesende Frau in die Dialoge und Diskussionen mit einbinden zu können. Das war Anfang Oktober 1985. Ich habe 2013 eine Einladung zu einem Konvent nach Berlin bekommen. Darüber habe ich einen Bericht angefertigt und auch mehrmals veröffentlicht, auch zum Bundesparteitag in Augsburg. Es spricht für sich, dass da groß angekündet wurde, die Partei habe sich schon wieder etwas *Neues* ausgedacht. Ha, ha, ha, das ist das wievielte Mal, dass männliche Menschen in unserer Partei etwas, was Frauen schon lange praktizieren, irgendwann später als ihre Neuerung ausgeben. Lesen Sie selbst.

Bürgerkonvent der SPD in Berlin 2013

»Liebe Bürgerinnen und Bürger des Rodenhofes,

Sie erinnern sich bestimmt alle, dass wir, die SPD, Sie im September 2012 an unserem Wahlstand baten, uns auf einer Karte aufzuschreiben, was sie gerne im nächsten Wahlprogramm der SPD verwirklicht haben möchten.
Das Motto war: *Was muss in Deutschland besser werden?*
Die Antworten konnten unterschiedlicher nicht sein. Darunter waren sogar einige Personen, die sagten:
›Daraus wird ja sowieso nichts. Die da oben machen ja sowieso was sie wollen.‹ *Falsch!*

Auch Ihre Karten vom Rodenhof landeten in Berlin.«
Die Bundes-SPD war überwältigt, wie viele BürgerInnen sich beteiligt hatten. Auf Karten mit bis zu 10 konkreten Vorschlägen gingen insgesamt 40.000 Anregungen zur Aufnahme in ein Wahlprogramm ein.

Dabei wollte es die Parteispitze nicht belassen. Sie wertete alles in einem komprimierenden Verfahren aus. Sie haben dann in einem Losverfahren für den 1. und 2. März 2013 sowohl Mitglieder wie Nichtmitglieder, also einen sehr gemischten Personenkreis, nach Berlin eingeladen, damit Ihre Vorschläge auf einem BürgerInnenkonvent dokumentiert und eingebracht werden könnten. Das Verfahren, einmalig und Geschichte schreibend, vollzog sich folgendermaßen: Ein Moderator der Firma *SwarmWorks*, die ein Computerprogramm erstellt hatte, teilte uns mit, die Firma hätte dieses Verfahren allen Parteien in Deutschland angeboten, aber keine habe es gewollt oder sich dafür interessiert. Wörtlich: »Deshalb freut es uns ganz besonders, dass die SPD uns eingeladen hat, um uns die Gelegenheit zu geben, mit Ihnen diese Vielzahl an Ideen und Vorschlägen in ein Wahlprogramm zu gießen.« Das Verfahren war wie beim Brainstorming angelegt, nur dieses Mal sehr viel kürzer und dadurch effizienter, eben über Computer. Aus den 40.000 Beiträgen haben sich sechs besonders wichtige Themen herauskristallisiert, die im Mittelpunkt des Konvents stehen sollten. Jeder dieser Themenkomplexe bekam eine Farbe, um zu erkennen, zu welchem die gemachten Vorschläge gehörten. Um eine Online-Maske zu erstellen, sollten die Eingeladenen zwei Themenschwerpunkte mitteilen.

* *Blau: Rente und gesundes Leben:* Wie können wir lange und gesund leben?
* *Orange: Kita & Schule:* Wie können unsere Kinder besser lernen? (mein Thema)
* *Rot: Soziale Arbeit:* Wie können Dienstleistungen am Menschen mehr Wertschätzung erfahren?
* *Gelb: Mobilität:* Wie werden wir in unserem Arbeits- und Lebensumfeld mobiler?
* *Hellblau: Steuern:* Wofür können wir staatliche Einnahmen besser und verantwortungsvoller einsetzen?
* *Grün: Energie:* Wie schaffen wir eine sichere und bezahlbare Energieversorgung?

Am Abend des Anreisetages hatte Elke Ferner, die Bundesvorsitzende der AsF und stellvertretende Bundesvorsitzende der SPD aus Saarbrücken, zu einem »Frauenratschlag« eingeladen. Es kamen sowohl Frauen als auch Männer. Es mussten noch Stühle herbeigeschafft werden, so groß war das Interesse.
Die auf Flipcharts notierten Stichpunkte wurden am nächsten und wichtigsten Tag den bereits vorhandenen Vorschlägen für das Wahlprogramm hinzugefügt.
Rund 300 eingeladene BürgerInnen waren für die Voraussetzungskriterien und Altersstrukturen super ausgewählt. Hier ein Beispiel, aus den entstandenen 42 Diskussionsrunden, mit je sieben bis acht Personen an einem Tisch: An »meinem« Tisch war ein 13-jähriger Jugendlicher, Eltern konservativ, er ein hochbegabter Schüler, und ich mit fast 81 Jahren, als Rentnerin. Zwei Frauen mittleren Alters aus dem Osten unserer Republik und der Rest aus drei verschiedenen Bundesländern, darunter zwei junge Männer, ein Studierender und einer in Ausbildung. Auf jedem Tisch standen ein großer Bildschirm und eine Tastatur. Dadurch waren wir mit den vielen MitarbeiterInnen der Firma vernetzt, die das ganze,

was wir einbrachten, immer wieder strukturierten und koordinierten. Das Redaktionsteam schaute in Abständen, was an Inhalten zu einem Grobkonzept zusammengefasst werden konnte.
Die gesamte SPD-Spitze war anwesend, selbst neugierig, wie das von den BürgerInnen erstellte Programm am Ende aussehen könnte. Sie waren sich klar, es ist ein gewagtes Experiment. Das erste Ergebnis war schon ein Grobkonzept mit 1028 Vorschlägen. Wenn ein Tisch in der Diskussion nicht weiter kam, konnte eine »Tischkümmererin« oder ein »Tischkümmerer« angefordert werden. An unserem Tisch saß auch eine Zeit lang Frank-Walter Steinmeier. Er nahm unsere Kompetenz wahr und hörte aufmerksam zu. Der Ablauf klappte hervorragend. Wir hatten Spaß und arbeiteten mit Begeisterung sehr konzentriert. Das wohl erstaunlichste: Es entstand an keinem Tisch Streit. Es wurden immer hervorragende Kompromisse gefunden. Wir wurden mit Getränken und Speisen sehr gut versorgt, notwendige Pausen waren eingeplant, und so vergingen die Stunden unserer konzentrierten Arbeit wie im Flug. Wir waren am Ende mit der SPD-Spitze einer Meinung, dass die Firma *SwarmWorks* mit uns *vom »Vielen« zum »Konkreten«* gekommen war. Als dann am Schluss die Presse zugelassen wurde, konnte Peer Steinbrück einen aus 11 Prioritäten bestehenden Vorentwurf präsentieren. Dieser wurde von den verbliebenen Personen mit stehendem Applaus bedacht. Alle fuhren mit einem sehr großen Glücksgefühl, an einem so wichtigen Prozess mitgewirkt zu haben, nach Hause. Peer Steinbrück versicherte vor zahlreichen Presseleuten, dass alles von uns Erarbeitete ins Programm eingehen würde, und er wisse: »Einiges wird für Zündstoff und Diskussionsbedarf sorgen, aber darauf freue ich mich schon.«

Dolly Hüther, SPD Rodenhof

(Veröffentlicht im Mai 2013 im *Rodenhof INFO des Kultur-& Bürgerverein Rodenhof* Heft Nr. 23, außerdem auf dem Bundesparteitag in Augsburg und im *Gersweiler Anzeiger*.)

Denkweise heute und das Mona-Lisa-Ende

Durch meine feministische Denkweise ist inzwischen meine Akzeptanz bei den Genossen sehr stark eingeschränkt, da viele Inhalte von mir aus einer ganz anderen Perspektive betrachtet werden. Diese feministisch denkenden Frauen, zu denen ich gehörte, wurden in unserer Partei sehr suspekt beäugt. Ich denke, von einigen Frauen und Männern sogar heute noch. Wir verursachten Angst, denn wir rückten näher. Es gab uns in allen Gremien. Daran hat sich nichts geändert. So wird uns zum Beispiel geraten, wir sollten diese Diskussionen weglassen. Das Thema, was unter Begriffen wie »Genderdiskussion« oder »Gender-Mainstream« und so weiter angesprochen wurde, ist in meinem Umfeld verschrien, wird mit allem, was dazu gehört nach wie vor als ein »Pfui-Thema« abgetan. Vielen unserer GenossInnen ist nicht klar, dass sie sich, was diese Thematik angeht, mit der AfD in vollkommener Konformität befinden. Die AfD schreibt in Ihrem Programm, sollten sie einmal mitregieren können, dann würden sie dieses »Gegendere« sofort abschaffen. Da hat die Saar-SPD, für mich recht erstaunlich, ganz anders reagiert. Sie organisierte in Saarbrücken einen Kongress, der das Thema »Queer Theory« thematisierte. Aus meiner Sicht ist sie damit wirklich im Mainstream. Genau dazu und ganz kurz vor der Bundestagswahl ein Gesetz auf den Weg gebracht und durchs Parlament gejagt zu haben, dass die Ehe der Homosexuellen Paare rechtens sei und dadurch diese Menschen auch Kinder adoptieren könnten, ist ein politischer Meilenstein. Zu diesem Gesetz kann ich der Partei nur gratulieren, denn es trägt ihre Handschrift. Bravo, ab und zu ändert sich auch etwas zugunsten der lange »kämpfenden« Menschen.

Einflechten muss ich an dieser Stelle, dass ich mich wieder immatrikuliert habe. Eine Professorin, die neu als Lehrbeauftragte in der Literaturwissenschaft aus Bamberg nach Saarbrücken berufen wurde, die eine Vorlesung mit Hauptseminar anbot, hat mich eingeladen. Dieser Einladung bin ich gefolgt und fühle mich sehr wohl und von den Inhalten bestätigt. Diese lauten: *(Un-)Doing Gender – Ausgewählte Texte- und Filmlektüren.*

An dieser Stelle fallen mir noch einige Ereignisse und Erlebnisse ein, die noch zur »Mona-Lisa-Geschichte« nachzutragen sind, dazu mein

Briefwechsel mit Frau von Welser. Sie sind wegen des Zusammenhangs wichtig und ich will die Geschichte damit komplettieren.

> Mein Ehemann, der am Bahnhof auf mich gewartet hatte, nahm mich in die Arme und sagte schlicht: »Ich habe Dich gesehen.« Als ich am nächsten Morgen, also nur einen Tag nach der Ausstrahlung aufstand, um die Anrufaufzeichnungen abzuhören, klingelte das Telefon ununterbrochen. Viele Menschen riefen an, sie wollten mit mir reden, aber auch um sehr liebe und freundliche Worte zu sagen und um mir zu gratulieren, was mir natürlich sehr guttat. Darunter waren so liebe Menschen wie Dr. Horst Theissen, der das einfach toll fand, weil ich die Situation aus Memmingen in die Sendung eingebracht hätte. Dann die damalige Saarbrücker Gleichstellungsbeauftragte Ilona Caroli, die mir auch gratulierte, und natürlich die liebe Familie. Meine Schwester war ganz einfach nur erstaunt, weil sie mich als politische Frau bis dahin, in einer solchen Situation, noch nicht wahrgenommen hatte. Mein Bruder? Ach – mein Bruder? Seine erste Frage war: »Liebe Dolly, hattest Du keine anderen Schuhe?« Diese Frage hat mich mundtot gemacht. Ich hatte ein Paar graue Winter-Stiefeletten getragen. Natürlich nicht die teuersten oder gar schicksten. Aber alle, die meine Kleidung kritisiert haben, konnten nicht wissen, dass wir für solche Zwecke nicht extra Kleider kaufen konnten. Dann war ich auch fest davon überzeugt, dass die Kleider nicht wichtig seien, sondern was ich zu dem brisanten Thema zu sagen hatte. Die Söhne, na die fanden es einfach gut. Und meine Mutter, die frühere Nazifrau und später geläuterte Genossin, war einfach nur gerührt und ebenfalls stolz. Bei einigen Freundinnen aber auch Freunden badete ich in den Rückmeldungen, denn sie fanden, dass ich das souverän gemacht hätte. Ich habe mit meinen Ausführungen sogar einige voll überzeugt, dass die Zwangsberatung nicht in ein Gesetz eingehen dürfe.

Sie, liebe LeserInnen, können diesen § 218 ff nachlesen, er kam ins Strafgesetzbuch mit Zwangsberatung und ist bis heute noch so drin. Frauen sind für die konservativen politischen Kräfte in unserem Land keine mündigen Bürgerinnen, sie dürfen nicht selbst entscheiden, was mit einer ungewollten Schwangerschaft geschieht. Männer müssen sich in einer sie so persönlich treffenden Entscheidung nicht zwangsberaten lassen. Sie haben sich bis jetzt auch noch keine Verhütungspille erforscht und herausgebracht. Dafür aber eine Potenzpille, die ist auch viel wichtiger.

Am Tag darauf rief Marlies Schäfer an, sie sei sehr zufrieden, aber ebenfalls das ZDF, mit den gesamten Aufzeichnungspersonen. Das waren eigentlich die wichtigsten Rückmeldungen. Halt! Jetzt hätte ich beinahe meine liebe Taxifahrerin vergessen. Sie telefonierte eine halbe Stunde mit mir und berichtete, wie viele Leute sie vor der Sendung gebeten hatte, auf jeden Fall diese anzuschauen. Sie war von der Begegnung mit mir noch sehr erfreut und angetan. Von Frau von Welser, der vielbeschäftigten Moderatorin und Buchautorin, habe ich mir so im Innern vorgestellt, wird wohl nichts mehr kommen. Aber ich hatte das Bedürfnis ihr zu schreiben, was ich tat. In dieser Angelegenheit – falsch gedacht. In der Woche darauf bekam ich eine Antwort. Die Freude war groß.

Und ich fand vor ein paar Tagen alle Unterlagen in einem der Aktenordner, sogar die Verträge bis hin zu den Briefumschlägen des ZDF. Hier der Briefwechsel:

Saarbrücken, den 28.2.89

Liebe Frau Welser,

vielen Dank an Sie und das gesamte Team. Es war sehr informativ für mich. Ich habe so eine Sache halt noch nie gemacht. An Erfahrung reicher zurückgekehrt, war für mich gut. Ich habe so ruhig und unaggressiv gesprochen, weil ich innen total wütend war. Frau Pack hat mich mit dem Satz begrüßt: »Wenn ich das gewusst hätte, dass sie kommen, wäre *ich* nicht gekommen.« Es war das »Herstellen« von sozialem Status, ich musste sofort wissen, wo ich stehe. Sie, die große Bundestagsabgeordnete, ich die kleine Hausfrau, den Schritt bis zum tief definierten Marktweib konnte sie dann nahtlos vollziehen. Der Mitleidseffekt war vorprogrammiert. Wobei ich sogar sicher bin, dass diese Analyse nur in meinem Kopf ist. Aber ein Satz von Ihnen, liebe Frau Welser, hat mir sehr viel Mut gemacht. Mein Lieblingsspruch von Aristoteles sagte mir: »Alles was sich bewegt, wird von etwas bewegt.« Sie selbst gaben mir den Anstoß. Als Frau Pack der »MANNSCHAFT« dankte und ich meinte, wo da die Frauen seien, sagten Sie nicht, sie könnten es schon nicht mehr hören, nein sie sagten: »Ich glaube Frau Pack, wir sind noch nicht sensibilisiert.« Ja, das ist es. Meinen Dank an Euch möchte ich zum Ausdruck bringen, indem ich Euch und in der Hauptsache Sie sensibilisiere (empfindlich mache). Es gibt, noch nicht sehr lange, zwei feministische Linguistinnen, die genau erklären und wissenschaftlich beweisen, wie das mit dem Deutschen als Männersprache ist. Deshalb das Büchlein an Sie. Frau Schäfer habe ich das von Senta Trömel-Plötz geschenkt, vielleicht tauschen Sie die Bücher aus und laden eine der beiden Frauen einmal zu einer Sendung ein. Dann wäre doch eine kleine Veränderung passiert. Da ich nicht in ein Mandat eingebunden bin, habe ich den Kopf, den Bauch und das Herz frei, solche Dinge zu machen. Ich wollte nicht über Frau Pack herziehen, oh nein, die Rückmeldungen für mich waren bis auf ganz wenige so toll und positiv, dass ich diese kleinen Stiche schon weggesteckt habe.

Mit ♥lichen und ♀- Grüßen
Dolly Hüther

München, 3.3.89

Liebe Frau Hüther,

ich habe leider kein so umweltfreundliches Papier hier – dennoch danke für die herzlichen klugen, warmherzigen Zeilen (und das »sensibilisierende« Buch). Auch mir war die ganze Szene sehr peinlich. Auch ich habe mich für »die Frau« geschämt. Dennoch, ich glaube, es ist eine ganz ordentliche Sendung geworden. Lassen Sie sich bei Ihrer Aufgabe nicht unterbringen… Es gibt viel zu tun – und es macht doch auch so viel Freude!

Ganz liebe Grüße
von Ihrer
Maria Welser

Der Brief endet mit der *Sensibilisierung* der Sprache. Frau von Welser fand das damals schon wichtig und so möchte ich mein intensives Engagement, was die geschlechtergerechte Sprache betrifft, durch alle gefundenen Schriften aus meiner intensiven Zeit einfach noch komplettieren. Ich habe dazu Arbeitskreise geleitet, Reden gehalten und vor allen Dingen immer und immer wieder, wenn ich für mein Dafürhalten falsch angesprochen, nämlich sprachlich vermännlicht wurde, ein Veto eingelegt. Also darauf hingewiesen, dass ich eine Frau bin und in keiner Rede männlich angesprochen werden möchte. Dass dieses Thema mir vor so vielen Jahren schon ein solch inneres Bedürfnis war, wird bei jeder angehängten Zeile auch klar und so zitiere ich mich selbst.

Frauen und Sprache

An dieser Stelle füge ich zuerst ein Gedicht ein, welches ich schon vor vielen Jahren geschrieben habe. Es ist auch heute noch oft ein vorgetragener Auftakt bei vielen meiner Veranstaltungen, seien es Arbeitskreise, Seminare, Reden oder Lesungen. Es ist ein sehr auf das Thema einstimmendes Gedicht. Geschrieben 1988, veröffentlicht in meinem Gedichtband. Den Rat, den mir ein Begleiter gab, ich solle die Reden und Originale mehr zusammenfassen, kann ich nicht einhalten. Dieser Rat war gut gemeint. Wegen vieler doppelt geschilderter Inhalte würde es eventuell langweilig werden. Andere, die meine VorleserInnen waren, rieten mir, nur durch die vielen Originale im Kontext könnte die Lesende nachempfinden, wie so ein politisches Leben an der Basis verläuft. Ja, das sind *die da unten!* Genau solche Menschen gibt es, und zwar um die 400.000. Frauen und Männer in unserer Partei, die sich mehr oder weniger engagieren und für die gilt dieses Buch im Besonderen. Das ist der aktuelle Mitgliederstand. Trotzdem wurde kürzlich in einer Umfrage festgestellt, wenn morgen Wahlen wären, bekämen wir 17 Prozent und ein paar zerquetschte Stimmen.* Traurig – traurig.

Sprachkritik
Wort – Sprache
Wörter – Sprachen
Wortlos – Sprechen
Ausdruck – Mitteilung
Vermittlung – Mittel

Sprache
Finde ich mich in einer Sprache –
in der ich nicht vorkomme?
Oder wenn – nur:

---

* Stand 2019

»reduziert, amputiert, geteilt, peripher?« (S. Trömel-Plötz)
gescheite Frauen – Blaustrumpf!
kämpferische Frauen – Suffragetten!
intellektuelle Frauen – nicht feminin!
bewusste Frauen – Emanzen!
Reden sie höflich, unsubstanziell,
geben schwache Beiträge,
werden sie nicht ernst genommen.
Sehen sie gut aus, sexistisch angemacht.
Gibt es eine Frauensprache?
Nein, es gibt nur die EINE:
Benutzen wir und ändern wir SIE für uns –
*Frauen.**

Bei diesem Thema tauchen immer sehr viele Fragen auf. Heute sogar mehr als 1988.

1. Gibt es eine Frauensprache?
2. Wie bin ich an dieses Thema gekommen?
3. Was hat mich so sensibel gemacht?
4. Will ich es in die Partei tragen?
5. Auch in die Gesellschaft?
6. Welche wissenschaftlichen Arbeiten lege ich meinen Ausführungen zugrunde?
7. Wie kann ich meine wissenschaftlichen Behauptungen beweisen?
8. Wie verpacke ich ein solch komplexes Thema?
9. Reicht mein Wissen und vor allem, wie wirke ich glaubwürdig?
10. Wie spreche ich die Menschen an, ohne ihnen vor den Kopf zu stoßen?
11. Gelingt es mir sie anzuregen, über diese sprachlichen Veränderungen nachzudenken?
12. Vielleicht sogar selbst daran zu arbeiten?
13. Ist das *Deutsche* eine *Männersprache*?
14. Wieso hat das auch etwas mit Politik zu tun?

* Quelle: Dolly Hüther: Lebensleiter, Edition Le Jardin des Poètes François Villon, La Petite Pierre 2014.

Seminare über Sprache

Schon wieder ein Fund aus meinem *gelben*, inzwischen lieb gewordenen Ordner, eines meiner ersten Seminare über Sprache:

Liebe Genossinnen,

ich habe mir vorgenommen, trotz vieler Fragen das brisante Thema heute und hier vorzutragen, um es anschließend mit Euch zu diskutieren. Waltraud Schiffels, die Leiterin der Kulturabteilung im Stadtverband, hat mir zu meiner Kenntnisnahme im Jahre 1987 den Brief der Genossin Maria Lieske mit der Bemerkung in die Hand gedrückt: »Du leitest doch auf AsF-Landesebene, so weit ich informiert bin, einen Arbeitskreis über *Frauen und Sprache*. Der Brief ist eine Hilfe und Unterstützung, dieses Themas, denn es ist zurzeit ein sehr wichtiges, da wirst Du durch das Schreiben von vielen Genossinnen Hilfe bekommen. Ich sicherte mich ab, indem ich nachfragte: »Hat Maria den Brief zu meiner Verwendung in den Seminaren und auch sonst zum Benutzen freigegeben?« Sie bestätigte mir: »Maria möchte, dass Du ihn in Deinen vorgesehen Seminaren als Argumentation mit einbaust, um die Frauen zu überzeugen, auch in ihren Ortsvereinen darüber zu sprechen und die Genossen anzuregen, ihre Sprache geschlechtergerecht anzuwenden oder uns Frauen weiblich zu nennen, um uns in ihrer Sprache vorkommen zu lassen.«

Marias Brief war für mich eine Wucht, sehr überzeugend und heute hier an dieser Stelle freue ich mich, Ihnen, meinen LeserInnen, dieses schon sehr lange diskutierte Thema mittels einiger Dokumente näher zu bringen.

Maria Lieske

Saarbrücken, 26.10.87

Liebe Genossinnen und Genossen,

»Wir die AfA, das sind Kolleginnen und Kollegen von nebenan« heißt das sympathische Leitmotiv der AfA-Broschüre.

Am 21. Oktober dieses Jahres habe ich aber bei der Neugründung der AfA-Betriebsgruppe des Stadtverbandes das genaue Gegenteil erfahren.

In seiner Begrüßung und Einführungsrede erwähnte der »Genosse« Hans Ferber mehrmals die Genossen und Arbeitnehmer. Unter den Anwesenden waren 18 Männer und 5 Frauen. Auf meinen dezenten Hinweis, es seien auch »Genossinnen« anwesend, antwortete der Kollege Ferber, ich zitiere: »... mit diesen Floskeln gebe ich mich nicht ab, ich gucke auch nicht jedem in die Bux!« Ganz abgesehen von der Geschmacklosigkeit hat es zunächst einmal etwas mit Höflichkeit und Anstand zu tun, alle Anwesenden zu begrüßen.

Im Verlaufe der weiteren Ausführungen und Vorbereitung der Vorstandswahl wies ein Genosse auch auf eine Quotierung bzw. entsprechende Berücksichtigung des weiblichen Arbeitnehmeranteils hin.

Daraufhin meinte Herr Ferber, er hätte was gegen Alibi-Frauen (ich auch), nur weil sie einen Rock anhätten. Wenn sie *qualifiziert* seien, würden sie auch gewählt werden.

Ich hoffe nun sehr, dass Männer nicht schon deshalb qualifiziert sind, nur weil sie eine Hose tragen?

Diskriminierende Äußerungen dieses Stils hielt ich in unserer Partei eigentlich für überholt und sind sicher auch das denkbar schlechteste Mittel, um weibliche Arbeitnehmerinnen politisch zu motivieren oder gar als Wählerinnen zu gewinnen.

Dieser Brief entstand aus Sorge um die – viel zitierte – politische Kultur, auch in unserer Partei, sprich AfA.

Mit freundlichen Grüßen
Maria Lieske

Wenn ich *Frauen* in meinem sozialen Umfeld darauf anspreche oder verbessere, dass ich nicht mehr als *Mann* tituliert werden möchte, dann bekomme ich von einigen erstaunliche Entgegnungen. Die meist geantworteten »Gegenargumente« lauten:

* Hast Du sonst nichts Wichtigeres zu tun?
* Oder: Och, das ist mir egal.
* Oder: Das interessiert mich nicht.

* Oder: Ich verbiete Dir, mich korrigieren zu wollen. Wegen Dir ändere ich meine Sprache nicht.
* Oder: Ich musste mich einigen, wenn es mich persönlich betraf, wenn ich also aufmerksam machte, dass ich so nicht mehr angesprochen werden möchte. Was bekam ich als Antwort: Lass mich in Ruhe, das ist halt meine Sprache.
* Oder, als eine ganz neue Variante: Eine Genossin stand auf und verließ die Veranstaltung, um an diesem Abend nicht mehr wieder zu kommen.

Sind Frauen solidarisch?

Zu meiner aktiven Zeit und in meinem Umfeld waren sie es. Da war es unser gemeinsames Anliegen. Ich muss feststellen, dass das, was die engagierten Frauen in den 1980er-Jahren geleistet haben, möglicherweise nicht angekommen ist.
Erstaunlich ist, dass viele Jahre nach dem Brief meiner Genossin Maria Lieske zwei weitere Frauen exakt die gleichen Ablehnungen hinnehmen mussten, was die gleichen Fehler in der Sprache betraf. Ich erlebte allerdings eine neue Qualität. Die neue Qualität, die mir auffällt: Es sind gar nicht die vielen Männer wie früher, heute sind es überwiegend Frauen, die gar kein Gefühl dafür entwickeln, wie es in der Gesellschaft, in der Politik und im alltäglichen Leben zugeht, was die geschlechtergerechte Sprache betrifft.
Sprache ist Ausdruck von ... ist meine Antwort darauf, die ich schon als Stereotyp in die Runden werfe. Diese Argumentation werden Sie in vielen meiner wiedergegebenen Texte finden und lesen müssen.
Die eine Frau ist Marlies Krämer. Sie verlor nicht nur im Saarland, nein sogar auf bundesgerichtlicher Ebene, weil sie nicht mehr bei der Sparkasse als *Kunde* angesprochen werden möchte. Übrigens bin ich bei diesem Thema voll bei ihr. Ich möchte von niemandem mehr geschlechtsumgewandelt werden. Begründung: Der Umkehrschuss wäre ein No-Go. Oder vielleicht doch? Wehe ich bezeichne sie (die Männer) als Friseurin, Kundin, Wählerin, Käuferin oder gar Ortsvereinsvorsitzende? Was höre ich da alles?

Die zweite, schon sprachlich bewusstere Person, Magdalene Huwig, wollte in ihrem Krankenhausbericht nicht als *Patient* bezeichnet werden. Und das im Jahr 2017 im 21. Jahrhundert! Auf ihre Bitte hin, das Formular entsprechend abzuändern, erhielt sie folgende Antwort, von einer Frau:

> 5. Oktober 2017 *Entlassungsanzeige*
>
> Sehr geehrte Frau Huwig,
>
> die Entlassungsanzeige ist ein vorgefertigtes Formular, es ist im Allgemeinen auf den Patient bezogen und kann daher nicht geändert werden.
>
> Mit freundlichen Grüßen
>
> ... Klinikum...

Es darf gelacht werden! Warum wollen wir Frauen, die sich um die geschlechtergerechte Sprache bemühen, die Umgehensweise mitteilen und warum solche Schreiben veröffentlichen und wiedergeben? Weil Sprache wirklich sehr verräterisch ist. Wir leben im digitalen Zeitalter, da soll ein Formular nicht geändert werden können? Ich lache noch einmal, denn in meinem PC könnte ich das in ein paar Minuten tun und ich bin 86 Jahre alt.
Die Antwort blieb auch von Magdalene Huwig nicht unkommentiert:

> 6.10.2017
>
> Sehr gehrte Frau ...,
>
> ich danke Ihnen für die schnelle Antwort auf meine gestrige Kritik und den Änderungswunsch hin, meine Entlassungsanzeige betreffend. In dieser hatte ich fünfmal einen rein männlichen Begriff für mich entdeckt, obwohl ich doch eine Frau bin.
> Allerdings finde ich es sehr verletzend und schlimm, dass Sie auf ein Formular verweisen, was »nicht geändert werden kann«. – Ein Artikel in der Saarbrücker Zeitung von heute bestätigt dagegen meine Auffassung. Er ist auf Seite B6 abgedruckt: »Menschenwürde in Maschinenhand« und stammt von Elisa Makowski. – Der Bundesverband der Verbraucherzentralen habe im Frühjahr einen »Algorithmen-Tisch« vorgeschlagen. »Eine Behörde oder Institution solle demnach ein Auge darauf haben, ob etwa jemand wegen bestimmter Daten-Informationen benachteiligt werde.« Diesem

Vorschlag kann ich mich nur anschließen, wurden die in der ...-Klinik verwendeten Formulare doch gewiss von Programmierern erstellt. Oder? Sie müssten also änderbar sein!
Was ich auch nicht verstehe ist, dass wenn von Personalproblemen in Kliniken die Rede ist, das Sprachthema bisher unberücksichtigt geblieben ist. Wo es doch von essenzieller Wichtigkeit ist.
Mein Wunsch nach geschlechtergerechter Sprache auch in den von Ihnen verwendeten Formularen bleibt bestehen.
Bitte informieren Sie mich, ob meine Ausführungen doch etwas ändern können.

Mit freundlichen Grüßen

Magdalene Huwig

NS: ich hänge meine Ausführungen zum Thema »Frauen in der Sprache« an. Sie basieren ebenfalls auf Artikeln, die in der SZ gedruckt waren.

Magdalene Huwig

Vor ein paar Tagen berichtete mir eine Bekannte noch solch eine spezielle Geschichte. Sie möchte aber das, was ihr Erlebnis war, auf gar keinen Fall in meinem Buch lesen. Die Geschichte, so antwortete ich ihr, kann ich trotzdem erzählen, weil ich sie fiktionalisieren werde. Sie ist einfach viel zu passend, als dass sie hier ausgelassen werden könnte. Weil genau das passierte, was ich schilderte, wenn auf Sprache nicht geachtet wird. So geschehen in einem Saarbrücker Krankenhaus. Zu Hause angekommen, las die Patientin ihren Entlassungsbericht, indem stand: »Wir haben am (soundsovielten) dem *Patienten* die Gebärmutter entfernt.« Danach das Ganze in den medizinischen Terminologien (Hysterektomie) der OP am *Patienten.* Ich frage alle, die das lesen: *Haben Sie schon einmal ein solch »männliches Wunder« erlebt oder sogar gesehen,* der *eine Gebärmutter hatte, die ihm hätte entfernt werden können?* Ich möchte die Ärztinnen hören, was sie zu diesem Schwachsinn sagen würden? Oder schreiben sie als Frauen genau so einen sprachlichen Unsinn? Zum Beispiel »*Wir haben dem Patienten die Brüste vergrössert.*« Oh, das geht ja heute schon, bei der körperlichen Geschlechtsumwandlung, so genannt bei Personen die intersexuell geboren wurden.
Sprache ist ...

Über alle gefundenen Arbeiten, welche die Sprache betreffen, bin ich glücklich. Sie werden hier nacheinander eingefügt. Sie beantworten gleichzeitig alle von mir weiter oben gestellten Fragen. Sie sprechen für sich. Genau wie das stete Auseinandersetzen mit meiner Sprache, was mir seit 40 Jahren eine Herzensangelegenheit ist. Die Versicherung an *sie* lautet: *Sie wird es bleiben, bis ich entweder nicht mehr fähig bin dafür zu streiten oder tot bin.*
Hier ein weiteres Seminar, das ich zum Thema *Frauen und Sprache* gehalten habe:

> Heute sind das Thema und der Inhalt des Seminars unsere *Sprache.* Ich stelle fest: Meine Muttersprache ist für Männer bequem, klar und eindeutig. Das Reden über Männer ist völlig problemlos in dieser Männersprache. Schwierig, kompliziert und verwirrend ist nur das Reden über Frauen. »Meine Muttersprache ist auf meine Existenz etwa so gut vorbereitet wie Vater Staat auf die Existenz von Behinderten«, sagt die Linguistin Luise F. Pusch. Mit reiner Rhetorik beschäftigen sich viele Menschen. Bis jetzt hat sich das Elisabeth Selbert Kolleg nur mit Rhetorik beschäftigt, dazu Bildungs- und Fortbildungsangebote geliefert, also für das Umgehen mit dem Medium Sprache: das heißt wie Sprache effizient, also wirksam als Rüstzeug genützt wird. Wir wollen uns über das gemeinsame Wochenende mit unserer Sprache, »der Muttersprache« beschäftigen. Wie kam es dazu, dass ich Monika Sommer-Hasenstein regelrecht gelöchert habe, das Seminar für uns in der AsF anzubieten? Ich habe hier einem Rhetorik-Seminar beigewohnt und denke auch immer noch, wenn wir öffentlich reden wollen, sei es in Parteien, Gewerkschaften oder Verbänden, dann ist eine gute Rhetorik wichtig. Es gibt Paradebeispiele von guten RhetorikerInnenn: Churchill, Roosevelt, Jens, und heute für mich Sahra Wagenknecht.
>
> Ich habe aber festgestellt, Männer wollen in Gesprächen immer gewinnen. Mir ist aufgefallen, das will ich eigentlich nicht mehr, ich will keine Streitgespräche. Streit unterbricht die Beweisführung. Ich möchte mein Wissen weiter geben und rüberbringen und die meines Gegenübers, also meiner Gesprächspartnerin hö-

ren, um miteinander zu diskutieren, um im Glücksfall Übereinstimmung zu erzielen. Wenn beide die Thesen akzeptieren, aber nicht streiten, können sie Konsens erreichen. Ich habe in vielen Veranstaltungen eigene Beobachtungen angestellt und viele Ungereimtheiten herausgefunden. Konnte sie aber nicht zuordnen. Bis ich die Bücher von zwei Linguistinnen gelesen habe und mir vieles sonnenklar wurde. Diese drei Bücher möchte ich bei meinen Ausführungen als Quelle zugrunde legen:

1. Luise F. Pusch: Das Deutsche als Männersprache, Suhrkamp Verlag, Frankfurt am Main 1984.
2. Senta Trömel-Plötz: Frauensprache: Sprache der Veränderung, Frankfurt am Main 1982.
3. Senta Trömel-Plötz (Hg.): Gewalt durch Sprache: die Vergewaltigung von Frauen in Gesprächen, Fischer Verlag, Frankfurt am Main 1984.

Luise ist eine äußerst begabte Person, die nach dem Studium der Linguistik noch ein sogenanntes Heisenberg-Stipendium als Förderung von der Deutschen Forschungsgemeinschaft, finanziert bekam. Danach rissen sich alle Universitäten um sie. Seit sie sich der wissenschaftlichen Forschung der Frauensprache und hauptsächlich dem Thema Sexismus in der Sprache gewidmet hatte, wurde sie nicht mehr berufen, obwohl sie alle akademischen Grade, um wissenschaftlich und forschend zu arbeiten, vorweisen konnte. Wie Senta fand sie dann in Konstanz eine Professur. Senta hält inzwischen in ihrer jetzigen Heimat Amerika viele Gastlesungen. Sogar bis zum heutigen Tag wird sie zum Thema auch bei uns eingeladen. Diese Bücher waren im deutschsprachigen Raum die ersten, die Sprachkritik übten. Beide Autorinnen stellten fest: »Im internationalen Raum gibt es inzwischen über dieses Thema so viel zu lesen, es könnte eine kleine Bibliothek gefüllt werden.« In der Bundesrepublik, also für den deutschen Sprachraum benötige ich im Moment nur diese drei Arbeiten. Die feministische Linguistik dokumentiert die sprachkritische, sprachschöpferische und sprachpolitische Arbeit dieser beiden Wissenschaftlerinnen. Die Hauptkritik richtet sich gegen die sprachliche Gleichsetzung von »Mensch« gleich »Mann«. Beide Frauen lernten sich über ihre Publikationen kennen und schätzen und unterstützen sich. Die feministische Linguistik ist noch keine offiziell anerkannte Forschung an den Universitäten, aber das Interesse wird immer stärker. Mit Senta und Luise verbindet mich inzwischen viel, ich wollte heute wenigstens eine hier haben, der Stiftung ist das Honorar angeblich zu hoch. Die Thesen dieser beiden Frauen wollen wir über dieses Wochenende miteinander abarbeiten. Ziele wurden formuliert, Fragen genug gestellt, jetzt wollen wir sehen ob es genug Antworten gibt.

Ist unsere deutsche Sprache eine Männersprache?

Frauen kommen kaum vor. Sie werden fast immer mitgedacht, miteinbezogen oder wenn nur am Rande erwähnt, reduziert oder sie müssen sich mit männlichen Begriffen zufriedengeben. Gleich das erste Beispiel. In unserem Pass steht: »Der Inhab*er* des Ausweises ist Deutsch*er*.« Hätte ich mich früher in der Schule in einem Aufsatz als Deutscher bezeichnet, wäre dies ein Fehler gewesen. Dass es im Pass nicht mehr so heißt, hat Marlies Krämer erkämpft. Allerdings mit der Unterstützung durch Elke Ferner. Sie hat das auch kritisiert, indem sie ihren Ausweis solange zurückgegeben hat, bis er geändert war.

In Personenbezeichnungen gilt ein eigentümlicher patriarchaler Brauch. Nehmen wir etwa das Wort »Partner«, das einmal Männer und dann auch Frauen bezeichnen soll, in die Irre führt und sogar in wichtigen Diskussionen zu hochgradiger Konfusion beiträgt. Ein Beispiel:

»82 Prozent der Bundesbürger wissen, dass die Ansteckung mit dem Aidsvirus auch bei heterosexuellem Verkehr droht. 83 Prozent der Bundesbürger, so ermittelten Lüneburger Wissenschaftler, würden selbst dann keine Kondome benutzen, wenn sie sich mit dem Virus angesteckt hätten, und 2 von 3 Infizierten würden in dieser Situation ihrem Partner keinen reinen Wein einschenken.«

Hier muss sich doch die aufmerksame Zuhörerin fragen: »Wie kann das angehen?« Können denn 83 Prozent der Bundesbürger überhaupt ein Kondom benutzen? Bei 52 Prozent Frauen und 48 Prozent Männern? Wo sollen die Frauen die Dinger überziehen? Da wird Information diffus und ganz einfach falsch.

Oft werden wir Frauen heute mit sogenannten *Suffixen* wie »in« und »innen« einbezogen. Aber nicht umgekehrt, wenn zum Beispiel aus Arzt Ärztin wird? Der Arzt und seine Frau und Gattin. Die Ärztin und den Ärztinnengatten gibt es nicht, obwohl es schon möglich wäre.
Ich will damit sagen: Einiges hat sich auch bei uns schon geändert. Wir werden mit »meine Damen und Herren« begrüßt. In der Partei mit »liebe Genossinnen und Genossen«, dann verschlucken sie (die Männer) das Wort Genoss*innen* und wir Frauen sind wieder Genossen. Nur ein Beispiel, wie sich die Männer oft wehren.
Apropos die Männer. Hier muss ich einen wichtigen Hinweis geben. Wenn ich global von *Männern* rede oder global von *Frauen*, dann weiß ich genau, dass es sowohl Frauen gibt, die total männlich strukturiert sind. Genauso, wie es Männer gibt, die weiblich strukturiert sind. Nur das weibliche ist bei Männern negativ besetzt. Diese Bemerkung nur grundsätzlich, damit es keine Missverständnisse gibt. Ich bin auch keine Männerfeindin, wie ich oft tituliert werde, sondern eine Frauenfreundin, und das ist etwas ganz anderes. Aber schon auf diese beiden Thesen bekommen wir die widersprüchlichsten Antworten. Originalton:

* »Ihr könnt doch unsere schöne deutsche Hochsprache nicht so einfach ändern?«
* Oder: »Meine Sprache ist sachlich, mich stört das nicht.«
* Oder: »Ich fühle mich auch so als Frau.«
* Oder: »Das ist mir nicht so wichtig.«

Gestern Abend, am 24. April 2018, sah ich im Fernsehen eine Diskussionsrunde über den Antisemitismus, der zurzeit angeblich in Deutschland ganz stark aufgeflammt ist. Es wurden die wenige Tage zuvor geschehenen Ausschreitungen, die in unserem Land wieder an der Tagesordnung seien, thematisiert. Gezeigt wurde ein Amateurfilm aus Berlin, in dem sich ein junger Mann dadurch mit den jüdischen Deutschen identifizierte, dass er dem Aufruf »Berlin trägt Kippa« gefolgt war. Der Unterschied war, dass es nicht nur um sprachliche Diskriminierung ging. Oh nein, ein syrischer junger Mann schlug mit einem Gürtel auf ihn ein. Das ist für mich als Zeitzeugin der antisemitischen

Ausschreitungen in der Nazidiktatur fast nicht zu ertragen. Wenn ich darüber meinen Unmut zum Ausdruck bringe, werde ich oft gefragt: »Dolly, kannst Du das nicht einmal vergessen, das ist schon soo lange her.« Meine Antwort lautet dann immer: »Diese unsere geschichtlichen Gräueltaten dürfen nie aus dem kollektiven Gedächtnis des gesamten Volkes verschwinden.« Und, das beginnt auch mit Sprache. Habe ich alles selbst erlebt. Zuerst waren Juden die hier lebten: Deutsche. Dann waren sie Deutsche jüdischer Herkunft. Danach wurden sprachlich aus ihnen »nur noch« Juden, die von uns stigmatisiert werden konnten, indem wir ihnen einen gelben Stern angeheftet und sie damit zu Untermenschen degradiert haben, um sie töten zu können. *Sprache ist ...*
Ein anderes Beispiel, ein Paradebeispiel aus jüngster Zeit, wie ungewollte Schwangerschaften und hiervon betroffene Frauen durch sprachliche Pervertierung in ein zutiefst negatives Licht gerückt werden: Zuerst wurden aus Embryonen – ungeborenes Leben. Daraus wurden in Bayern, Baden-Württemberg, ebenso in anderen Bundesländern – ungeborene Kinder. Bischof Dyba aus Fulda und die ebenfalls sogenannten selbsternannten Lebensschützer machten daraus, was die Schwangerschaftsabbrüche betraf, Holocaust.
Diese Aussagen sind wichtig, um das was ausgesagt wird, nachvollziehen zu können.

Immer wieder diese Exkurse? Weiter in meinem Seminarvortrag:

> Von Euch kennt jede die sogenannte junge Sprache, mit Ausdrücken wie: *no future*, *null Bock*, *ladylike*, *park&ride* und vor allem *kids*, an Stelle von Kindern und so weiter. Seltsam mutet an, wenn Frauen die Sprache zu ihren Gunsten ändern wollen, dann gibt es auch in den eigenen Frauenreihen Druck. Sehr viele Menschen, vor allem Männer, wollen uns nicht mit dem uns Frauen benennenden generischen Femininum ansprechen. Aber ich würde mich vielleicht auch nicht wehren, käme ich in einer Sprache so überproportional wie Männer vor.
>
> George Lakoff, ein sehr bekannter Linguist aus Amerika, sagte dazu:
>
> »Wer von euch kennt nicht die Sprüche, die den ganzen Mann fordern?«

* Der kluge Mann baut vor.
* Der Mann auf der Straße.
* Ein Mann ein Wort.
* Der kleine Mann und so weiter...
* Aus Deutschland gibt es fast identische Sprüche.
* Für den Mann im Mann.

Ich denke, die Wichtigkeit, warum wir uns mit unserer Sprache beschäftigen müssen, ja müssen, ist jetzt deutlich.

Meinen bereits wiederholt angeklungenen Wahlspruch werden Sie noch öfter lesen, weil er stets belegt, warum wir, es sind inzwischen viele Frauen, in unserer Sprache vorkommen möchten. An dieser Stelle will ich ihn einmal in seiner Gänze schreiben:

1. *Sprache ist Ausdruck von Denken!*
2. *Sprache ist Ausdruck von Fühlen und Handeln!*
3. *Sprache ist Ausdruck von Gesinnung!*
4. *Sprache ist für mich Identitätsstiftend!*
5. *Sprache ist das größte Integrationsmittel überhaupt!*

Denn was inzwischen Fakt ist: Wer in der Sprache nicht vorkommt, an *die* wird nicht gedacht. Warum bekommen nach über 100 Jahren die Frauen immer noch bei gleicher Qualifikation 30 Prozent weniger Lohn und das in ganz Europa? Denken wir einmal an die ausländischen Frauen, die wegen ihrer Männer unsere Sprache nicht lernen dürfen?
Das Seminar kam gut an.

Zum Schluss die Antwort auf oben gestellte Frage, aus heutiger Sicht: *Ja! Das Deutsche ist eine Männersprache!*
Wir sagen oft selbst: Ich bin Dozent, Lehrer, Verkäufer, Bürger, Wähler und wo weiter. Und er oder der kann es machen, selbst wenn, wie hier und heute, nur Frauen da sind. Klar wird es erst, wenn wir den Umkehrschluss versuchen, das heißt alles umdrehen. Um es eben stärker zu verdeutlichen. Frauen werden mitgedacht oder degradiert oder verniedlicht oder gar lächerlich gemacht. In den Stellenausschreibungen geben sich heute schon sehr viele Menschen große Mühen, indem sie durch Suffixe die beiden Geschlechter nennen. Wir haben festgestellt, dass sich dann auch

Frauen bewerben. Dann werden auch Frauen gefunden. Aber wo bleibt das Antidiskriminierungsgesetz, das es bis heute nicht gibt?
Ein weiteres Beispiel von Senta Trömel-Plötz:
So sind auch 99 Schülerinnen und 1 Schüler in der Mehrzahl Schüler. 99 Schüler und 1 Schülerin würden es nie schaffen diese 99 Schüler zu Schülerinnen zu machen. Deshalb habe ich die Collage dort an der Wand unterstützend zusammengestellt. Aber der größte Effekt, den die Männer erzielen, ist die Sache der Definition und Verniedlichung von Frauen. Wir können heute und hier festhalten: Sprache beeinflusst Verhalten. Sprachliche Änderungen haben mehr als nur Hinweisfunktion. Sprachliche Änderungen, so geringfügig sie erscheinen mögen, bringen eine Änderung im Bewusstsein. Diese wiederum verändert unser Handeln und damit unser Sprechen.
Ich habe Euch versprochen als Abschluss dieses Seminars eine Glosse aus dem Buch von Luise F. Pusch, vorzulesen.
Sie stammt aus ihrem Buch *Alle Menschen werden Schwestern: Feministische Sprachkritik.* (Suhrkamp Verlag, Frankfurt am Main 1990, S. 227).

Der Wähler und seine Zweitstimme

Mehr als 50 Prozent der wahlberechtigten Deutschen sind Frauen. Anders ausgedrückt: Mehr als die Hälfte der sogenannten »Wähler« waren in Wirklichkeit Wählerinnen. Die deutschen Frauen haben die Wahl entschieden – aber hatten wir überhaupt eine Wahl? Ich habe Grün gewählt – aus einem schlichten, aber für mich entscheidenden Grund: Die Grünen sind die einzige Partei, deren sogenannte Kandidaten überwiegend Kandidatinnen waren. Nur der »Frauenanteil« (hat frau schon jemals das Wort Männeranteil gehört?!) der grünen Fraktion im Bundestag entspricht etwa dem »Frauenanteil« in der Bevölkerung. Ich wiederhole: Die Wähler waren überwiegend Frauen, die zur Wahl stehenden Kandidaten dagegen zu etwa 90 Prozent Männer. Beide Gruppen, die mehrheitlich weiblichen »Wähler« wie die überwiegend männlichen Kandidaten bzw. Politiker, werden aber mit der ein und derselben grammatischen Form bezeichnet – eben der männlichen Form.

Wir Frauen sehen da ein gewisses Sprachproblem und bemühen uns seit etwa einem Jahrzehnt, dieses Problem zu lösen. Die meisten Männer sehen da aber kein Problem. Für sie ist es auch keins. Wenn die paar Kandidatinnen zu Kandidaten ver-unkenntlicht werden, die wahlentscheidende Wählerin dafür aber konstant als »Wähler« angeherrscht wird, kann dies den Herren nur recht sein. Männer haben diese unsere Sprache gemacht, und sie haben sie für sich gemacht. Die Hecken sind »mannshoch«, Arbeit wird in »Mannmonaten« gemessen, die Person im Auto ist grundsätzlich der Vordermann, und die Person neben mir mein »Nebenmann« – Nebenfrau bedeutet nämlich »Konkubine/Mätresse« – die Frau eben, die sich der Mann, neben seiner angetrauten Ehegattin, noch nebenbei hält. Manchmal wird die »Nebenfrau« auch Zweitfrau genannt. Ein Anrecht auf den Zweitwagen hat die Zweitfrau aber nicht, den bekommt vielmehr die Ehegattin.

Damit sind wir nun bei einem echten Sprachproblem der soeben überstandenen Bundestagswahl angelangt, einem Problem, das unsere Politiker bei jeder Wahl aufs Neue quält: Die sogenannte »Zweitstimme«, bei der doch jedermann nur an den zweitrangigen Zweitwagen oder die zweitrangige Zweitfrau denkt – sie ist in Wirklichkeit die entscheidende Stimme. Und so ist denn alles schön männlich-unlogisch, dreifach unlogisch:

Erstens: Die Zweitstimme müsste Erststimme heißen, denn sie ist wahlentscheidend.

Zweitens: Der Wähler müsste Wählerin heißen, denn sie ist wahlentscheidend.

Drittens: Das zweite Sprachproblem müsste ernst genommen werden, denn es ist – im Gegensatz zu dem vergleichsweise lächerlichen Problem mit der irreführenden Bezeichnung Zweitstimme – grundlegend. Wie sagte doch der wackere grüne Friedensforscher Mechtersheimer: »Von den ersten fünf grünen Kandidatinnen auf der Landesliste Baden-Württembergs war eine ein Mann.«

Genau! Weiter so!

Diese Glosse bringt für mein Dafürhalten der letzten Frau, aber erst recht jedem Mann die Einsicht, wie falsch die männliche Sprache sein kann. Aber es geht weiter.

Rede auf einem Landesparteitag 1991

Im Anschluss an eine Rede von Marlies Krämer:

Marlies hat in Mundart geendet. Ich habe das Bedürfnis, auch ein paar passende Gedanken in Mundart hinzuzufügen. Wie werden GenossInnen in dieser Partei wiedergegeben? Vor ein paar Tagen selbst mitgehört:

Jo, Marlies, do stimm isch dir voll zu, awer wäschde, do bischde nit allän. Gug dir mo de Jupp (Feilen) ahn, un was se in da Padei üwwa denne saan. Er kinnt jo in da Padei ebbes gen, wenna bloß mo sei Hoor schneide lasse dät, die Ohrringe un die Ringe ausdun dät. Wäschde er misst sich halt dem »Normalidätsterror« voll unerwerfe un sich benemme wie e Mann.

Liebe *Genossinnen*, liebe *Genossinnen*,_

(Großes Gejohle im Saal, ich konnte es gar nicht verstehen, ich hatte Euch nur genau so begrüßt wie Oskar, unser großer Landesvorsitzender es gemacht hat.)

Drei Vorbemerkungen:

1. Ich unterstütze meine Vorrednerin Marlies Krämer, auf diesen Inhalt muss ich dann nicht mehr eingehen, mich aber in meinen Ausführungen auf einen anderen perspektivischen Kontext beziehen.
2. Große politische Veränderungen sind schon oft durch ganz verrückte Ideen entstanden.
3. Ich schreibe und spreche das große *I* (das sogenannte Binnen-*I*) und alle männlichen Personen sind sprachlich und lieb mitgemeint. Der Grund? Weil Oskar nuschelnd mit »liebe Genossen, liebe Genossen« begonnen hat, wobei er das *-Innen* verschluckt hat, habe ich mit den lieben Genossinnen begon-

nen, ich sage es noch einmal, alle Genossen sind lieb mitgemeint.

In der ARD formulierte am 24. Juni 1991 ein Psychologe: »*Der Mensch definiert sich über Sprache*«.
Ich füge hinzu und ergänze: *Sprache* ist Ausdruck von Denken, Fühlen, Handeln, identitätstiftend, ist sogar Gesinnung und, zu unserem heutigen Thema: Sie ist das wichtigste Integrationsmittel überhaupt. Anders formuliert: Komme ich sprachlich nicht vor, bin ich verbal nicht präsent, das heißt, wird auch in keinster Weise an mich gedacht. Wieso ist mir das so wichtig und wo ist der Bezug zu dem Thema Asyl, Fremde und AusländerInnen? Das vorliegende Diskussionspapier ist, was die Forderungen angeht, in dem analytischen Teil gut. Da, so wie es aussieht, die meisten Probleme geschlechtsneutral formuliert sind. Es passen die Formulierungen sowohl auf Männer als auch auf Frauen und Kinder. Ich denke, dies wird von den meisten von Euch auch so akzeptiert. Aber mir ist klar – und wer sich von Euch die Mühe macht, unter diesem Aspekt das Papier noch einmal zu lesen stellt fest – wenn Frauen sprachlich nicht präsent sind, wird an ihre besonderen Probleme als AsylbewerberInnen und AusländerInnen nicht gedacht, sie werden nicht benannt.

Erstes Beispiel:

Ich möchte nur auf einige besondere Fälle eingehen bei denen Härte entstehen kann, wenn Asyl suchende Personen weiblichen Geschlechtes sind.
Bei Verlobung, Heirat, in der Hauptsache bei Verheiratung durch Zwang. Auch bei ganz jungen Frauen und welchen, die ins Heimatland zurückmüssen, weil minderjährige Kinder zu versorgen sind. Wenn sie sexueller, psychischer und/oder physischer Gewalt, Diskriminierung, Bedrohung, also sprachlicher Gewalt, ausgesetzt sind, nur weil sie Frauen sind? Wenn sie gesellschaftliche Diskriminierungen befürchten müssen, nur weil sie Frauen sind, hier oder im Abschiebeheimatland, Beispiel: Sextourismus.
Warum enthält dieses Diskussionspapier nichts dergleichen? So, wie ich es sehe, frage ich mich, wieso die Frauen nicht mitgedacht

sind, sogar semantisch verschluckt, also *nicht da* sind, das wird Euch vielleicht am deutlichsten auf Seite 19, Spiegelstrich 6 auffallen. Bitte lest einmal, was dort steht:

Der Ehegatte und die unterhaltsberechtigten Angehörigen des Asylbewerbers sollen ihm rechtlich gleichgestellt werden.

Das impliziert, hier sollen zwei miteinander verheiratete Personen männlichen Geschlechts gleichgestellt werden. Es entstehen sprachliche Dubiositäten, die mit Sicherheit nicht absichtlich so formuliert wurden. Wir müssen in unseren Papieren deutlicher und präziser werden.

Zweites Beispiel:

Der Ort Neunkirchen und das Thema:
Zukunft Arbeit (wieder keine Erwerbsarbeit)

Lieber Otmar (Schreiner), Du erinnerst Dich, mit Anke Fuchs zusammen? In dem Papier dort auf Seite 16, 3. Spiegelstrich steht:
Arbeitslose Männer und ihre Frauen!
Die erwerbsarbeitslosen Frauen? Wo sind sie? Nicht da! Ich hätte formuliert: »Die erwerbsarbeitslosen Frauen und Männer – mit ihren Angehörigen.«

Damit wird klar, Sprache muss feminisiert werden. Warum?

1. Im Saarland haben wir schon lange einen Spracherlass.
2. Nach meinen Dokumenten – es gibt bestimmt Genossinnen, die noch mehr Nachweise haben – ist die Feminisierung der Sprache in der Partei seit 11 Jahren Beschlusslage.
3. Sogar in der Amtssprache werden die Feminas hoffähig.
4. Das von der saarländischen Landesregierung feminisierte Hochschulrahmengesetz, Initiatorin Margit Conrad mit ihrer Hartnäckigkeit, kann doch nur ein Anfang gewesen sein.
5. Seit dem 23. Juli 1991 gilt auch für die Bundesregierung die Gleichbehandlung in der Sprache, sie soll vollzogen werden, nach einem Beschluss des Bundeskabinetts.

Angebot an Dich lieber Carlo, bevor ein Papier die SPD Geschäftsstelle verlässt, werden Marlies und/oder ich es durchackern und sprachlich nach drei Kriterien lesbar vollenden:

1.) Differenzierung, 2.) Neutralisierung, 3.) Abstraktion.
Du hast in Deiner Rede Erhard Eppler so gelobt und mit seinem angeblichen Satz zitiert. Der ist nicht von Eppler, sondern von Brandt. Ich habe ihn als Zitat: *»Wer die menschliche Gesellschaft will, muss die männliche überwinden.«*
Für mich einer der besten und ihn müssten wir im Grundsatzprogramm noch einfügen. Würde, wie ich informiert bin, schwer. Wir benötigten dazu leider eine Zweidrittelmehrheit und ob wir die bekämen, steht in den Sternen. Liebe GenossInnen und GenossInnen, ich danke für Eure Aufmerksamkeit.

Nachtrag: Seit 2007 steht der Satz im Grundsatzprogramm.

Es wird nicht alles mit der geschlechtergerechten Sprache vorgebracht und immer wieder können wir nachweisen, wie wenig wir Frauen in unserer Sprache vorkommen. Wie wird die bereits genannte kämpfende Frau Marlies Krämer im Saarland und inzwischen sogar in der ganzen Republik von den GegnerInnen wiedergegeben? Ich denke genauso, wie das des Öfteren bei mir geschieht. Kein offenes Austauschen, nein hinter dem Rücken wird gelacht, gespottet und all die unqualifizierten Sätze, die durch meine im Keller gefundenen Textsammlungen präsent sind, führen deren Argumente ad absurdum. Dass Sie durchhalten und weiter machen will, bewundere ich – meine *Gratulation!*
Die Vielfalt und Möglichkeiten, dieses Dilemma zu erklären, ist für meine Begriffe mit den wenigen eingefügten Texten bislang nicht genug. Denn es gibt noch Gewalt und Sexismus in der Sprache – alles erforscht, zum Beispiel in dem von Senta Trömel-Plötz herausgegebenen Sammelband *Gewalt durch Sprache: Die Vergewaltigung von Frauen in Gesprächen (Taschenbuchauflage 1997 beim Fischer-Verlag, Frankfurt am Main)*. Auch dieser wichtigen Thematik habe ich ein Seminar gewidmet.

Gewalt durch Sprache

Gewalt durch Sprache – ist das nicht ein Widerspruch in sich?

* Zeichnet sich nicht gerade Gewaltfreiheit dadurch aus, dass nicht geschlagen wird, sondern gesprochen und verhandelt?

Wenn von Gewalt gesprochen wird, reden und denken die Menschen in unserer Gesellschaft von der strukturellen und der personellen Gewalt, das heißt von der Gewalt, die sich die Menschen untereinander antun. Dabei ist die Gewalt, die Frauen angetan wird, zurzeit ein Thema, das enttabuisiert wird, es wird in vielen Gremien besprochen und somit Öffentlichkeit hergestellt. Die Vergewaltigung ist eine der sichtbaren Folgen der strukturellen und personellen Gewalt. Wir wollen uns heute mit dem Thema Gewalt in der Sprache beschäftigen. Diese Sparte der Gewalt wird in den meisten Fällen nicht als Gewalt definiert.

Die Eskalation von Gesprächen ist oft der Streit, leicht zu erkennende Gewalt. Mir geht es aber heute um die tägliche Gewalt, die wir selbst fast nicht erkennen oder auch nicht als solche definieren – die subtile. Viele von uns hier sind in Parteien, Gewerkschaften und Verbänden. Ich denke, dass Euch allen folgendes schon passiert ist:

Unsere Beiträge werden weniger ernst genommen oder abgewertet oder gar ignoriert und sogar zerstört.

Unser Rederecht wird beschnitten, unsere Anliegen werden trivialisiert das heißt platt, abgedroschen, alltäglich niedrig und lächerlich gemacht. Entscheidungen werden über unsere Köpfe hinweg getroffen, wir können dadurch inhaltlich keinen Einfluss nehmen, wir sind ohnmächtig in des Wortes exakter Bedeutung, ohne Macht, dass dabei das Instrument Sprache ein ernst zu nehmender Faktor ist und nicht, wie viele Frauen glauben, eine Nebensächlichkeit wäre.

Warum Männer uns so wenig zu Wort kommen lassen?

Ob zu Hause, am (*Erwerbs-*)Arbeitsplatz oder im Bundestag, in Gesprächen mit Männern ziehen Frauen fast immer den Kürzeren. Eine traurige Tatsache, für die es handfeste Gründe gibt. Eine Feststellung von Senta Trömel-Plötz:

»Männer unterbrechen Frauen nicht aus Versehen – sondern mit System.«

Senta hat fünf verschiedene Fernsehsendungen aufgezeichnet und analysiert. Bei ihrer Analyse hat sie festgestellt, dass der soziale Status eine große Rolle spielt. Wie Status konstruiert wird, hatten wir gestern gesehen an einem Beispiel, was Gewalt in der Sprache bewirkt. [...] Wie können wir lernen, uns in Gesprächen nicht unterbuttern zu lassen? Aus dem Magazin Für Sie zitiere ich einen Artikel, unterzeichnet mit Heidi Meurer:

Wie Sie lernen, sich im Gespräch nicht unterbuttern zu lassen.

Wehren Sie sich gegen Unterbrechungen.
Sagen Sie: »Es ist sehr unfair, dass Sie mich immer wieder unterbrechen.«

Wehren Sie sich gegen Geringschätzung.
Sagen Sie: »Versuchen Sie doch nicht mich abzuwerten, indem Sie alles was ich sage, anzuzweifeln.«

Wehren Sie sich gegen Nichtbeachtung.
Sagen Sie: »Ich melde mich jetzt schon seit fünf Minuten zu Wort. Warum kommt dieser Mann, der sich gerade erst gemeldet hat, zuerst dran?«

Vermeiden Sie Ausdrucksweisen, die Unsicherheit verraten oder durch die Sie sich selbst abwerten:

* »Ja, aber, da möchte ich doch vielleicht einen Einwand bringen.«
* »Das ist nur so eine Idee von mir.«
* »Ich weiß nicht, ob Sie damit etwas anfangen können.«
* »Ich bin ja nur eine Hausfrau.«
* »Ich würde meinen, dass ...«

Vermeiden Sie allzu gefällige und verniedlichende Formen:
»Frauen kaufen sich ein Kleidchen oder Täschchen, ein Kettchen oder Ringlein, kochen ein Süppchen, trinken ein Tässchen Kaffeechen, begrüßen sich mit ›Tagchen‹ und bleiben ein Viertelstündchen zu einem Likörchen ...«

Vermeiden Sie als Frau männliche Formen.
Bezeichnen Sie sich nicht selbst als Staatsbürger, Besitzer, Mieter, Leser, Zuhörer, Experte, Fachmann, Kollege, Bürger, Wähler, Käufer, Bewerber, Antragsteller. Wählen Sie immer die weibliche Form – auch auf Formularen.

Und verzichten Sie auch, wenn irgend möglich, auf das Wörtchen »man«. Vor allem, wenn es so kurios gebraucht wird wie hier: Man erlebt seine Schwangerschaften jedes Mal anders ...

In den meisten Formularen werden Frauen glatt vergessen.
Senta Trömel-Plötz erzählt ein Beispiel: »Ich musste ein Formular der Schulgemeinde ausfüllen, da mein zweites Kind in die Schule kam. Unter anderen Fragen stand da: *Name und Beruf des Vaters.* Mein Name und Beruf interessierten gar nicht. Ich bin als Mutter so unwichtig, dass ich getrost vergessen werden kann. Ob ich die einzige Mutter war, die in dieser Frage eine Missachtung von Frauen sieht? Ich jedenfalls habe das Formular korrigiert und Namen und *Beruf der Eltern* eingetragen. Ob noch eine Mutter darauf hinwies, dass sie auch einen Namen und einen Beruf hat?«
Senta Trömel-Plötz weiß das nicht. Aber sie weiß genau, dass sich, so lange wir uns nicht dagegen wehren, dass Männer uns mit unserer Muttersprache sprachlos machen.

Heidi Meurer zitiert in ihrem Beitrag auch die Sprachforscherin Luise F. Pusch, die ganz kategorisch erklärte:

»Der deutsche Wortschatz eignet sich zum Ausdruck weiblicher Interessen und Sehweisen etwa so gut wie ein Rasierapparat zur weiblichen Körperpflege.«

Die Meinung mit dem Rasieren kann nun wirklich als überholt gelten und die Werbung, ja sogar die Industrie, hat mittlerweile Frauen als Käuferinnen und Benutzerinnen von Rasierern erkannt und bezirzt. Die kaufen diese Dinger und sie benutzen sie auch. Es gibt spezielle Frauenrasierer, »für die zarte Haut«. Die »Scham« muss so sein, wie Mann es gerne haben möchte. Keine Haare, schön wie ein Mädchen, und die Frauen fallen auch darauf rein.
So ändern sich die Zeiten.

Ein Wort was mich in diesem Kontext schon lange stört, ist das klein geschriebene Wörtchen *man.* Ich habe es aus meinem Wortschatz gestrichen. In keinem meiner Bücher kommt es vor. Nicht weil es aus dem

Englischen stammt und »*man*« Mensch bedeutet, sondern weil der jeweilige Satz im Kontext nie aussagt, wer etwas sagt oder tun, machen, erledigen oder umsetzen müsste. Bedeutet ja selbst im Duden nur irgendjemand. Die Gesellschaft für Deutsche Sprache formuliert, dass das Wörtchen *man* präzise ersetzt werden kann durch: ich, du, er, sie, es, wir, ihr, sie, einige, viele, alle, wenige, und die Reihe könnte fortgesetzt werden. Das fällt mir in der Politik und der Literatur am meisten auf, wie oft Menschen das Wort *man* benützen, um nicht sagen zu müssen, wer das anstehende ändern müsste. Ein Beispiel: Wenn in Gremien Personen zu besetzen sind. Es passiert ebenfalls in der Literatur. Wer keine geschlechtergerechte Sprache benützt, denkt einfach nicht an Frauen. Ich habe gerade ein Buch ausgelesen: *Fritz B. Simon: Einführung in die Systemtheorie des Konfliktes* (Carl-Auer-Systeme Verlag, Heidelberg 2015). Es ist 2018 in der vierten Auflage erschienen. Auf der zweiten Seite werden die wissenschaftlichen Beiratsmitglieder des Verlags aufgelistet, es sind 34 Personen, davon 21 Männer mit dem Titel Prof. Dr., fünf mit dem Titel Dr. und vier ohne Titel, sind zusammen 30 Männer. Von den übrig gebliebenen vier Personen teilen sich die Frauen in eine mit dem Titel Prof. Dr. und drei mit dem Doktortitel. Ich weiß eines ganz sicher, wir haben im Jahre 2018 nachgewiesenermaßen die bestausgebildeten Frauen. Ich behaupte, wer wirklich suchen würde – *der* würde auch finden. In eben diesem oben beschriebenen Buch kommt auf der Seite 103 dieses nichtssagende Wörtchen *man* in 7½ Zeilen allein fünf Mal vor. Im ganzen Buch so oft, dass der Zusammenhang fragwürdig erscheint.

> «Diese Art der Frage, die *man* sich selbst stellen kann, die *man* aber auch einer größeren, miteinander bei der Kreation eines Konfliktes kooperierenden Gruppe stellen kann, dient dazu, Zweck-Mittel-Beziehungen in den Fokus der Aufmerksamkeit zu rücken. Denn häufig entstehen Konflikte um den Weg, den *man* einschlagen soll, während *man* sich über die Ziele einig ist. Wenn *man* sich hingegen über die Ziele streitet, dann hat es auch wenig Zweck sich über den richtigen Weg, den Kopf zu zerbrechen.«

Wer Lust hat, kann dieses *man* durch *wir* oder *uns* ersetzen und spüren, wie Sie sich fühlen, ich bin davon überzeugt: sie fühlen sich mitgemeint.

Heute wollen wir eigentlich, einem der viel wichtigeren Themen in der Sprache, dem Sexismus auf die Spur kommen. Es ist der zurzeit am häufigsten diskutierte Stoff. Bekannt unter den Hashtags #MeToo und #TimesUp. Mir ist dabei der Hinweis wichtig, es war schon vor Jahren bekannt, aber die betroffenen Frauen konnten sich noch nicht äußern, da die unterschiedlichen Traumata erst spät ans Licht gekommen sind. Und jetzt ist die ganze Welt aufgerüttelt. Aber der Sexismus geht weiter. Ein Referat, das ich in meinem Arbeitskreis der AsF über Sexismus in der Sprache an sich und im Besonderen gehalten habe, gibt Auskunft, wie wir schon vor Jahren dachten.

Sexismus in der Sprache

Beginnen will ich mit der Definition: *Sexismus ist die Diskriminierung aufgrund der Geschlechterzugehörigkeit.*

Der Gipfel des Sexismus kommt sehr oft in der Werbung vor, da ist er augenfällig. Gut, über Geschmack, was die Bilder angeht, können wir uns auseinandersetzen, aber sehr oft werden diese Bilder, meist Nacktfotos, erst sexistisch durch die Sprache.

Erstes Beispiel: Ein Werbeslogan der Firma *Frisia Orgeln* lautet:

»Eine Orgel ist wie eine Frau, schön, sensibel und bespielbar!«

Zweites Beispiel: Blue Curaçao, der blaue Likör, wurde bildhaft zwischen zwei schwarzen Frauenbrüsten in einem dekorativen Gläschen von einer ebenso schwarzen Hand gehalten. Erst der Text macht meiner Meinung nach diese Werbung sexistisch, das heißt die Sprache ist verräterisch:

»Damit auch in ihr Leben ein bisschen Farbe kommt!«

Senta Trömel-Plötz wagt die mir einleuchtende These: »Sprache ist sexistisch – also frauenfeindlich.« Nach ihr können wir vier Arten von sexistischem und frauenfeindlichem Sprachgebrauch unterscheiden:

1. Sprache – die Frauen ignoriert und ausschließt.
2. Sprache – die Frauen in Abhängigkeit vom *Mann* darstellt, sie werden nur über Männer definiert, als zweitrangig und untergeordnet beschrieben (sozialer Status).

3. Sprache – in der Frauen nur in traditionellen Rollen mit sogenannten weiblichen Eigenschaften und Verhaltensweisen dargestellt werden.
4. Sprache – durch die Frauen abwertend, herablassend behandelt und degradiert werden.

Es sind oft Äußerungen, in denen Frauen, nach ihrem Aussehen beurteilt und ihnen mangelnde Intelligenz, Reife, Kraft und Durchhaltevermögen zugeschrieben werden, sowie ein Übermaß an Hinterlist und Emotionalität oder gar Geschwätzigkeit.
Weitere Beispiele:

Zu 1: Sprache – die Frauen ignoriert.

* Der Schüler, der Bürger, der Student, der Arbeitnehmer, der Kontoinhaber und so weiter.
* Jed*er*, der
* Niemand, der
* Kein*er* wird sagen, er
* Der eine, der andere
* Wer das sagt, der

Zu 2: Sprache – die Frauen in Abhängigkeit von *Mann* darstellt:

* Zum Empfang bitte, Dr. Kurt Müller mit Gattin.
* Thomas Mann mit Frau Katja.
* Frau Dr. (Frau des Arztes)
* Linda ist die Sekretärin bei Josef Haller –

Das sind alles gesammelte Zitate aus der Presse und aus Schulbüchern.

Zu 3: Sprache – in traditionellen Rollen:

* Otto baut ein Vogelhaus, Anna hilft ihm.
* Fräulein Müller oder Fräulein im Restaurant.

Das Fräulein hat sich erledigt, es wurde abgeschafft. Die Begründung der Frauenbewegung war und ist, es gibt ja auch kein Herrlein oder gar Männlein.

* Schwester Ute arbeitet in der Uniklinik.

Anstatt: Frau Watt ist als Krankenpflegerin in der Uniklinik erwerbstätig. Das ist für mich während meiner Aufenthalte in Krankenhäusern ein sehr stark diskutiertes Thema. Das Wort und die Bedeutung von Schwester sind biologisch besetzt. Da meine Schwester gestorben ist, die wie ich an MRSA erkrankt war, kann ich zu keiner Pflegerin mehr *Schwester* sagen, egal wie stark sie sich wehrt. Nur wenn sich die männlichen Krankenpfleger Bruder nennen würden, wäre das in Ordnung. Die wollen das nicht. Aber die lassen sich sogar mit ihrem Familiennamen anreden. Wie sozialer Status entsteht, war bereits weiter oben Thema. Eines kann ich von den sogenannten bewussten »Schwestern« berichten: Wenn sie mit Pflegerinnen angesprochen werden, haben sie gleich einen anderen Status. Und sie werden dann auch mit Frau und ihrem Nachnamen benannt. Außerdem ist erforscht, dass sie nicht so oft sexistisch angemacht werden.

* Mädchenname, haben wir abgeschafft.

Es gibt keinen Bübchennamen. Das Wort Mädchenname ist heute ersetzt durch Geburtsnamen. Also auch erledigt, und passt sogar für Männer.

> Da das nächste Kapitel über den Sexismus in der Sprache ein ganz besonders umstrittenes ist, da viele Frauen in diesem Kontext keinen Sexismus erkennen, möchte ich wieder Senta Trömel-Plötz zitieren, die hierbei von »Herstellen von [sozialem] Status – der Zugehörigkeit zu einer Gesellschaftsschicht« spricht.
>
> Zu 4: Wie Frauen in der Sprache degradiert werden:

* Das schwache Geschlecht
* Unsere Tennisdamen
* Alte Jungfer
* Dummes Weibsbild
* Frauenzimmer
* Leichtes Mädchen
* Altes Mädchen
* Zicke
* *Manndecker beim Fußball und so weiter.*

> Wenn alle diese Themen und Behauptungen bei uns angekommen sind, gibt es nur eine Schlussfolgerung, wir machen es wie die [N-Wort]*– Oh?

Das darf heute niemand mehr sagen, es gibt die Titulierungen Schwarze denn sie definieren sich selbst. Der Slogan heißt: »*Black is beautiful*«.

> Wir sind Frauen, wir wollen in unserer Sprache vorkommen. Ich will es hier und heute einmal wieder mit meiner lieben Freundin und Wissenschaftlerin, Senta Trömel-Plötz zitieren:
> *»Es gilt die Macht der Männer zu durchbrechen!«*

Und noch mal zur Erinnerung:

> *»Wer die menschliche Gesellschaft will, muss die männliche überwinden.«*
> Vor allen Dingen in der immer noch vorhandenen Gesellschaftsform, in der wir leben: *Dem Patriachat!*

Beobachtungen und Feststellungen, wie der Sexismus fortwährend weiter transportiert wird, muss ich hier aus meiner heutigen Sicht einfügen. Ich bin darüber sehr traurig. Weil ich es an diesen Stellen nicht erwartet habe.

Zunächst ein Beispiel aus einer Fernsehtalkrunde.
Es ist Dienstag, der 14. November 2017. Ein Blick auf die Uhr zeigt mir, es ist 23.15 Uhr. Was mache ich? Aufgewühlt wie ich bin, will ich noch nicht schlafen gehen. Also im Fernsehen durch das Programm zappen, vielleicht ist noch etwas Interessantes für mich zu finden. Wo lande ich? In der Mediathek des RBB in einer Talkrunde mit Jörg Thadeusz als Moderator mit dem Titel »Thadeusz und die Beobachter«. Es ist eine Diskussionsrunde mit einigen anderen JournalistInnen. Sehr spannend, da tagespolitisch kontrovers diskutiert wird. In das Ende einer Sendung zu gelangen, ist leider schade, wegen der Versäumnisse des Zusammenhangs, denn der Schluss hat mich fast wieder einmal umgehauen. Warum? Es ist die Rede der Skandale um #MeToo in Amerika und zwar in Hollywood, die zurzeit in aller Munde sind. Es geht um den Sexismus und die Übergriffe des US-Produzenten Harvey Weinstein.

---

* Nachträglich geändert von der Autorin.

Ein Journalist hatte sich wohl schon dazu geäußert, was ich leider nicht mitbekommen habe.

Danach sprach die Journalistin Elisabeth Niejahr vom Magazin *WirtschaftsWoche*. Sie führte aus, sie habe Verständnis für einige Männer, wenn diese beteuerten, sie wüssten nicht mehr, wie sie sich verhalten sollten, was sie sagen sollten, um nicht gleich wieder als Sexist in eine Schublade gesteckt zu werden. (Die armen Männer.) Sie schilderte danach eine Begegnung, die sie kürzlich erlebt habe, ungefähr so: In einem Warteraum eines Flughafens sah sie einen Mann und eine Frau, die sich gegenüberstanden. Der Mann habe der Frau mit einem Stift zuerst über die Schultern gestreift und ihn ihr dann in den Ausschnitt gesteckt. Sie, Frau Niejahr, habe überlegt, wie sie sich verhalten solle. Nannte mehrere Möglichkeiten. Bis sie sich einen Ruck gegeben und den Mann gefragt habe, ob er das jetzt gut fände, was er da gemacht habe? Sie hätte noch nachgedacht, ob sie ihm sagen solle, er solle seine Hose aufmachen, um weiter zu fragen, wie er sich dann fühlen würde, wenn sie ihm einen Stift in die Hose gesteckt hätte? Ich nahm ihren Gesichtsausdruck so wahr, als würde sie sich eigentlich ein wenig schämen, den Mut gehabt zu haben, eine solche Geschichte im Fernsehen zu erzählen. Sowohl die Männer um den Tisch als auch die andere Journalistin grinsten. Meiner Wahrnehmung nach – schmunzelnd. Vielleicht sogar ein wenig betreten? Die betroffene Journalistin, Frau Niejahr, sagte dann so richtig entschuldigend, sie habe nie daran gedacht, dem Mann wirklich zu sagen, er solle seine Hose aufmachen und so weiter. Aber danach erklärte sie mit sehr viel Überzeugung und ernster Miene, es wäre gut, wenn wir uns alle auch bei solchen Kleinigkeiten unmissverständlich äußern würden. Sie schob noch nach, wir sollten diese Dinge nicht stehen lassen, sondern darauf aufmerksam machen, dass die Vorgehensweise nicht korrekt gewesen sei. Sie bekam von der gesamten Runde Zustimmung.

An dieser Stelle ist mir egal, ob die Nacht noch länger dauert, denn auch die Geschichte, die mich jüngst aufgewühlt hat, muss ich hier noch schildern – ja loswerden. Was ich mir bei einer der Ringvorlesungen des Literaturarchivs Saar-Lor-Lux-Elsass im Filmhaus habe anhören müssen, war Frauenfeindlichkeit par excellence und gehört in die gleiche Kategorie. Beide Erlebnisse lassen mich nicht schlafen, also schreibe ich weiter, um diese beispielhaften Begebenheiten vor dem Vergessen zu bewahren. Denn sie sind nicht 30, 40 Jahre her, sondern 2018 geschehen. Im Filmhaus sprach ein Professor der Saar-Uni zum Thema *Nietzsche contra Marx. Positionierungen im Werk von Michel Foucault*. In seine Ausführungen bezog er auch Freud sowie verschiedene Philosophen mit ein. Das Referat erforderte meine gesamte Aufmerksamkeit, um die Thematik zu verstehen und um mitdenken zu können. Ich war voll konzentriert, als ich mich plötzlich an mein Wissen über Foucault erinnerte, denn auf der Leinwand erschienen Bücher. Als das Buch *Überwachen und Strafen* zu sehen war, war vieles wieder parat. Ab da war ich mit dem Inhalt vertraut und konnte mehr verstehen, warum der Professor von Foucaults Positionierungen sprach. Er streifte im Weiteren auch die Geschlechterdifferenz in der Genderdiskussion. In diesem Kontext nahm er Bezug auf die zurzeit in Amerika laufenden Anklagen gegen den US-Produzenten Harvey Weinstein, wobei er wörtlich sagte: »Sie wissen sicherlich, das ist die Sache, bei der sich die Frauen den Männern *angedient* haben.«

Angedient haben? Ich habe den Satz mitgeschrieben. Das hat mich fast umgeworfen. Die vorher entstandene Konzentration war futsch. Meine Gedanken purzelten. Er redete von Frauen, die sich den Männern angedient haben sollen? War und ist ihm nicht klar, wie sexistisch und frauenfeindlich diese Aussage ist? Ich war entsetzt! Wieso kann er diese ganzen Fehltritte des Mannes nicht einmal aus der Perspektive der Frauen betrachten? Hier, an dieser Stelle meines Buches, werde ich ihm meine Sicht auf dieses Problem erläutern und hoffe sehr, er wird es lesen. Es gibt nicht *die* Frauen, sowie es auch nicht *die* Männer gibt, denn weder Frauen noch Männer sind homogene Gruppen. Ich bin sicher, es gibt sowohl unter allen Männern, als auch unter allen Frauen welche, die sich »andienten«, um bei Weinstein eine Rolle zu ergattern. Aber das, was wirklich zu erwähnen und zu kritisieren gewesen wäre, ist der Tatbestand, der oft am Ende dieser von ihm so titulierten »Andienung« stand und weiter steht. Das ist eine Vergewaltigung, die in diesem Zusammenhang auch passiert sein soll.

Am 13. Juni 2018 habe ich im Fernsehen gesehen, wie Weinstein wegen angeblich sieben Vergewaltigungen verhaftet wurde. Der Herr Professor hat all diesen Frauen, die eine solch schreckliche Tat erlebt haben, keinen Dienst erwiesen, im Gegenteil er hat sie verletzt. Frauen, die oft erst nach 30 bis 40 Jahren über solche Ungeheuerlichkeiten reden können, weil sie Betroffene und Traumatisierte sind, mit denen, die sich *andienen*, über einen Kamm zu scheren, ist so unverständlich. Das von einem Wissenschaftler während eines wissenschaftlichen Vortrages zu hören war und ist für mich ungeheuerlich, denn er solidarisiert sich mit einem Sexisten und eventuellen Vergewaltiger.*

Vor Jahren, als wir in der Frauenbewegung genau definiert haben, was sexistisch und frauenfeindlich ist, hätte er diese Aussage nie und nimmer ungestraft wagen dürfen. Keine Sensibilität und nichts, was auch schon im wissenschaftlichen Kontext Fakt ist, kamen ihm in den Sinn. Mir ging es wie der Journalistin in der vorher beschriebenen Geschichte. Ich habe überlegt, soll ich jetzt sofort etwas sagen oder aufstehen und spontan den Saal verlassen – wie ein paar Tage zuvor auf der 50-Jahrfeier der pro familia in Rheinland-Pfalz, bei einem ähnlichen Vorfall während einer kabarettistischen Darbietung, initiiert wieder durch einen Mann. Ich bin dort mit vielen Männern und Frauen aufgestanden und wir haben aus Protest den Saal verlassen. In der Ringvorlesung bin ich sitzengeblieben und habe geschwiegen. Mich beschäftigte sehr stark, warum eigentlich? Es gibt viele Gründe. In erster Linie wollte ich die Veranstaltung nicht unterbrechen. Heute denke ich, es ist mit Sicherheit eine Ausrede, denn ich habe aus Angst geschwiegen. Dann wollte ich ein paar Nächte über meine Gefühle schlafen und es bei der Schlussveranstaltung ansprechen. Die fand aus Mangel an Zeit nicht mehr statt.

Und was geschah bis zu der Minute, in der ich jetzt schreibe? In der halben Welt kommen die Frauen aus ihren Schneckenhäusern, wagen die Sexisten öffentlich anzuzeigen und die Dinge beim Namen zu nennen. In Österreich und vielen anderen europäischen Ländern. In Deutschland läuft das Ganze unter dem Namen Dieter Wedel. Schauspielerinnen und Moderatorinnen schreiben in der Bunten von starken sexuellen Belästigungen. *Die Bunte* zitiert Hans-Werner Meyer, den Vizevorsitzenden des Bundesverbandes Schauspiel mit den Worten: *»In*

---

* *eventuell,* da das Verfahren gegen Harvey Weinstein noch läuft. Er ist 2021 gegen seinen Schuldspruch von 2020 in Berufung gegangen.

Deutschland gibt es viele kleine Weinsteins« und weiter, *man* (wer spricht?) spreche nicht umsonst von der »Besetzungscouch.«
Können die geschilderten Geschichten unter »Gewalt in der Sprache« und »Sexismus in der Sprache« subsumiert werden? Ich denke schon. Diese Dinge wurden in den 1980er-Jahren in der Partei stark diskutiert. Und heute kommt die Vorgehensweise durch Frauen, die sich gemeinsam helfen, ans Tageslicht.
Zwei Dokumente und zwei Briefe bilden den Abschluss zu dem hochaktuellen und hochbrisanten Thema *Sprache*. Es ist keineswegs so, dass wir (da gehört Marlies Krämer dazu) uns erst heute wehren und uns mit unserer Sprache beschäftigen. Diese Dokumente sollen beweisen, wie breit die Unterstützung in der ganzen Republik war. Mein erster Brief ging an Margot Brunner, Frauenbeauftragte beim Oberbürgermeister der Landeshauptstadt Wiesbaden, er zeugt ganz stark davon, dass diese Sprachkritik auf gar keinen Fall eine Spinnerei nur von mir war und ist. Wie unten das Datum zeigt, wurde in den 1990er-Jahren das Thema wieder aufgegriffen.

Saarbrücken, den 2.5.1994

Liebe Margot Brunner,

am Samstag bekam ich von Ihrem Büro die Sprachdiskussionsbroschüre *Muttersprache frauenlos? Männersprache frauenlos? PolitikerInnen ratlos.* Über das Wochenende habe ich sie gelesen. Ich danke Ihnen herzlich:
erstens, für die Dokumentation in einem für mich sehr ausgewogenen PRO und CONTRA,
zweitens, da mich das als Basisfrau in der totalen Feminisierung meiner Sprache unterstützt und festigt, denn: es ist das einzige Mittel, den Dudenleuten zu beweisen, dass die Geduld der Frauen, täglich sprachlich geschlechtsumgewandelt zu werden, zu Ende ist.
Nun zu meinem Anliegen als Frage, wäre es sehr vermessen, wenn ich zu meinen Diskussionen und für meine Seminare in meinem Umfeld noch 10 Exemplare Ihrer Dokumentation haben könnte?
Es gibt zwei Personen, die Ihre Dokumentation bekommen möchten. Eine davon ist Frau Prof. Dr. Margret Wintermantel, Präsi-

dentin der Uni Saarbrücken, bei der ich als Gasthörerin (Frauenforschung) Sozialpsychologie höre, die aber meiner Meinung nach noch eine ausgeprägt patriarchale Sprache, mit dem generischen Maskulinum, hat. Am 29.05. dieses Jahres bin ich zu diesem Thema in der Lernwerkstatt der Eifel bei Daun. Dort treffe ich die für mich wichtige Linguistin Prof. Dr. Senta Trömel-Plötz, sie kommt aus Amerika. Sollte es mit den Büchern klappen, dann danke ich ganz ♥lich und frauenfreundlich.

Dolly Hüther

Frau Brunners Antwort? Meiner Meinung nach erübrigt es sich, diese zu kommentieren, sie spricht für sich.

Landeshauptstadt Wiesbaden
Frauenbeauftragte beim Oberbürgermeister

5.5.94

Liebe Frau Hüther,

haben Sie Dank für Ihren Brief vom 2.5.94.
Ich freue mich sehr über Ihr Interesse an unserer Dokumentation »Muttersprache frauenlos? ...« Weitere Exemplare sind Ihnen ja inzwischen zugegangen.
Dass es auch bei Frauen nicht immer ganz leicht ist, sie von der Notwendigkeit der Feminisierung der Sprache zu überzeugen, zeigt Ihnen mein beiliegender Tätigkeitsbericht (siehe Seiten 36, 41 und 42). Umso mehr freut es mich dann, wenn ich aus Saarbrücken höre, dass die Diskussion weitergeht, weil selbstbewusste Frauen sich darum kümmern. Dafür ein dickes Dankeschön. Ich wünsche Ihnen weiter jede Menge Gutes und verbleibe
mit herzlichen Grüßen

Margot Brunner

Vier Jahre später schickte mir die Gesellschaft für deutsche Sprache ein 1998 erschienenes erweitertes und überarbeitetes Exemplar mit dem Titel: *Die Frau in der Sprache.* Gespräche zum geschlechtergerechten Sprachgebrauch. Kennt Sprache kein Geschlecht? Sexismus im Sprachgebrauch.

Dieses Mal waren die Herausgeberinnen: Margot Brunner, Frauenbeauftragte beim Oberbürgermeister der Landeshauptstadt Wiesbaden und Dr. Karin M. Frank-Cyrus, Geschäftsführerin der Gesellschaft für deutsche Sprache.

Wie stark damals die Diskussionen über geschlechtergerechte Sprache in den Institutionen und Parteien präsent waren, zeigen nicht nur die Veröffentlichungen der beiden von mir schon oft erwähnten Linguistinnen. Wer sich sachkundig machen möchte, kann die beiden oben genannten Bücher heute noch bei mir ausleihen. Weil sie ein ausgewogenes pro und contra, sowohl von Frauen und Männern beinhalten. Wir Frauen und Männer, die diese Männersprache ändern wollen, werden die Thematik weitergeben. Dass sich einmal etwas wirklich Wesentliches verbessert, erlebe ich leider nicht mehr, aber es bleibt mir ein Anliegen. Frauenthemen – ja die beschäftigten mich immer weiter. Ein nicht weniger spannendes Thema: Die Quotierung.

Die Quotierung und kein Ende

Wieder ein wichtiges Thema, das zu meiner Anfangszeit in der Partei noch kaum besprochen, geschweige denn diskutiert wurde. Es hatte mich, wie 1985 von uns auf dem Kongress in Hannover gefordert wurde, total fasziniert. Da war Lernen wie noch nie angesagt. Sich sachkundig machen, um Rede und Antwort stehen zu können. Das war für mich eine große Pflicht. Wir *mussten* uns mit dieser *Quotierung* beschäftigen. Als Erstes einmal mit uns selbst. Die dringendste Frage lautete damals: Will ich überhaupt eine solche Bevorzugung von Frauen? Argumentationen sammeln, also lesen und lesen und damit sich fit machen, war wieder einmal angesagt. Was mir in dieser noch heute geführten Debatte zu einem Bedürfnis wurde, soll mit dem gefundenen Repertoire an Reden und sonstigen niedergeschriebenen Funden dokumentiert und das, was schon lange Beschlusslage ist, mit dem tatsächlichen Stand der Umsetzung verglichen werden. Denn es war und ist ein endlos langer Prozess. Wann die Schnecke dann endlich am Ziel sein könnte, mögen die Göttinnen wissen. Auf den unterschiedlichsten Parteiebenen haben wir begonnen, Frauen zu gewinnen. Dabei war ich eine, die sich in ihrem Element fühlte, um in diesem sehr kontrovers diskutierten Themenkomplex zu informieren. Aus den unterschiedlichsten inhaltlichen Perspektiven habe ich versucht, die Thematik in die Arbeitsgemeinschaften, aber auch in die Ortsvereine zu tragen und damit zu vermitteln. Die Unterrepräsentanz von Frauen in allen Gremien hätte damals nun wirklich geändert werden müssen. Das gilt leider bis zum heutigen Tage. Selbst in einer Broschüre der SPD-Bundesfraktion können wir alle nachlesen, was in der letzten Koalition, also schon 2015 Beschlusslage war. Christine Lambrecht, damalige Erste Parlamentarische Geschäftsführerin der SPD-Bundestagsfraktion, beschreibt darin (Seite 30), was in der ersten Koalition festgeschrieben war und so, wie ich vermute, in der jetzigen wahrscheinlich wieder gefordert wird. Denn das Versprochene wurde nicht eingehalten und jetzt wird sich

gegenseitig die *Schuld* zugewiesen. Das *Kämpfen*, um die Verhinderung von Frauen abzubauen, ist ein Endlos-Thema.
In der besagten, im Dezember 2015 erschienen Halbzeitbilanz *Gesagt– Getan – Gerecht* der SPD-Bundestagsfraktion können sie alle hierzu ab Seite 29 lesen:

Gleichstellung voranbringen
Die Frauenquote kommt

Frauen machen seltener Karriere als Männer. Auf ihrem Weg nach oben werden sie behindert durch Rollenklischees und Vorurteile. Mit diesen »gläsernen Decken« machen wir Schluss! Mit einer gesetzlichen Frauenquote sorgen wir dafür, dass bei der Besetzung von Top-Jobs die Qualifikation und nicht das Geschlecht zählt. Zudem bekämpfen wir die ungleiche Bezahlung von Frauen und Männern.

»Die gesetzliche Frauenquote ist ein Meilenstein auf dem Weg zu mehr Gleichberechtigung«

Gesagt

In den Koalitionsverhandlungen haben wir durchgesetzt, Geschlechterquoten in Führungspositionen von Unternehmen gesetzlich einzuführen und Maßnahmen gegen Lohnunterschiede zwischen Frauen und Männern zu ergreifen.

Getan

Wir haben im Bundestag die Einführung einer gesetzlichen Frauenquote beschlossen. 2016 müssen börsenorientierte und voll mitbestimmungspflichtige Unternehmen mindestens 30 Prozent der frei werdenden Aufsichtsratsposten mit Frauen besetzen. Wird diese Quote nicht erfüllt, bleiben die Aufsichtsratsmandate unbesetzt »Leerer Stuhl«). Zudem werden weitere 3.500 Unternehmen verpflichtet, sich konkrete Ziele zur Erhöhung des Frauenanteils in ihren Aufsichtsräten, Vorständen und den oberen Management-Ebenen zu setzen und über die Fortschritte zu berichten.
Der Bund geht mit gutem Beispiel voran: In Aufsichtsgremien, in denen dem Bund mindestens drei Sitze zustehen, gilt ab 2016 bei Neubesetzungen eine Geschlechterquote von 30 Prozent. Ziel ist

> es, den Anteil ab 2018 auf 50 Prozent zu erhöhen. Zudem *soll* auch die Bundesverwaltung für jede Führungsebene konkrete Zielvorgaben zur Steigerung des Frauen- bzw. Männeranteils erlassen.

Wieder nur so eine *Soll*-Bestimmung, die nachgewiesenermaßen nichts bringt. Das Zauberwort heißt *muss*!

> *Gerecht*
>
> Mit der gesetzlichen Frauenquote bringen wir die Gleichstellung voran. In keiner anderen Wirtschaftsnation gibt es so wenige Frauen in Führungspositionen wie in Deutschland. Freiwillige Selbstverpflichtungen der Wirtschaft haben daran nichts geändert. Auch wenn Frauen besser qualifiziert sind, haben sie deutlich schlechtere Karrierechancen als Männer. Wir sorgen dafür, dass bei der Besetzung von Führungspositionen die Qualifikation und nicht das Geschlecht zählt. Wir öffnen Frauen die Türen in die Chefetagen und verändern Unternehmenskulturen. Wenn weibliche Vorstände von DAX-Unternehmen und Frauen als Aufsichtsratsvorsitzende endlich Normalität sind, wird das auch für Gleichstellung in den unteren Hierarchieebenen sorgen.
> Als Nächstes werden wir die Lohndiskriminierung von Frauen mit einem Entgeltgleichheitsgesetz bekämpfen, das Transparenz in Unternehmen herstellt. Denn nur dort, wo Lohndiskriminierung offengelegt wird, kann sie abgestellt werden.
> *Anteil der Unternehmen ohne Frauen in Führungspositionen:*
>
> *Fast zwei von drei Unternehmen in Deutschland werden ausschliesslich von Männern geführt. Die Bundesrepublik liegt damit weltweit auf dem vorletzten Platz vor dem Schlusslicht Japan.*

* 1985 wurde die Quote gefordert, wie ich es weiter oben beschrieben habe.
* Und seit 2015 ist sie also schon Beschlusslage?
* Oh wie toll!
* Was fällt mir wie Schuppen von den Augen?
* Wie sieht es mit der eigenen innerparteilichen Umsetzung aus?
* Trifft diese Beschlusslage im Koalitionsvertrag für Ministerien nicht zu?

Immer wieder Fragen. Was hat uns bei der Neubildung dieser Koalitionsregierung unser von allen geliebter neuer Innenminister und sogenannter »*Heimatminister*« Seehofer gezeigt? Er macht, was er will. Er hält sich an nichts. Als *er* vereidigt war, erschien *er* zum Fototermin, grinsend, *er* in der Mitte, links und rechts von je vier Männern eingesäumt. Keine Frau, nicht einmal eine sogenannte »Alibifrau«. Und im jetzigen Bundestag sitzen nur 32 Prozent Frauen. Die SPD will sich erneuern? Sie hat selbst die versprochene und schon beschlossene Quote von 50 Prozent nicht umgesetzt. Sie ist mit ihren jetzigen 42 Prozent beteiligt an diesen wenigen 32 Prozent, also mitverantwortlich.
Mir machten einige in der Partei den Vorschlag, ich solle eine Petition anzetteln. Meine Entgegnung: Warum soll ich so etwas auf den Weg bringen? Erstens habe ich von diesem Heimatminister nichts anderes erwartet. Zweitens hat weder die CDU noch die CSU als Partei je an Quote gedacht. Was daraus wurde, dass 30 bis 40 Jahre lang behauptet wurde: »Wir wollen keine Quote – sondern Freiwilligkeit«, wissen wir. Sie argumentierten sogar noch weiter: »Diese Vorgehensweise ist besser und gerechter«. Am erstaunlichsten: sogar von vielen der CDU-Frauen. Sie bekommen dabei sehr gute Hilfe von der AfD und schwimmen voll im Kielwasser der Rechts-Rechten. Wenn sie es in dieser Koalition nicht durchsetzen, dann schwimmen sie eben weiter mit denen. Wer gezeigt und es vorgemacht hat, wie es quotiert geht, sind sowohl die Grünen, die mit 50 Prozent eines jeden Geschlechts gewählt haben, als auch die Linken, die sogar überquotiert mit 63 Prozent Frauen Einzug ins Parlament hielten. Aber, wie clever war das, was die Kanzlerin in der Regierungsbildung fertiggebracht hat? Was sie persönlich eingefädelt hat? Chapeau! Sie hat meiner Meinung nach zwei Männer wieder einmal gut versorgt und dadurch super beschäftigt. Herrn Seehofer mit der Innenpolitik, und als Bonbon mit dem Thema »Heimat«, und als Gesundheitsminister Herrn Jens Spahn.
An dem von mir vielzitierten Gedicht *Der Deutsche Mann (Die Frau spricht – 4. Lamento)*, von Kurt Tucholsky 1931 verfasst, liebe ich am meisten den Schlusssatz des Refrains:
»Er ist ein Mann. Und das genügt.«
Passt leider nicht mehr, denn sowohl Männer als auch Frauen sind mittlerweile für die missliche Quotierungslage verantwortlich. Wir ha-

ben ja, allen Göttinnen sei dank, eine Kanzlerin. Wie meine Partei mit diesen Erneuerungen umgeht, ein kleiner treffender Satz als Beispiel. Von mir abgewandelt:

»Sie ist eine Frau. Und das genügt!«

Anfang Mai 2018 luden mich *»die da oben«* ins Brandthaus nach Berlin, in die neu eröffnete Parteischule ein, um mich fit machen zu wollen, in der Hauptsache damit, dass mehr Frauen in höhere Ämter kommen könnten und sollten – nicht müssten. Elke Ferner machte nach der 2017er Bundestagswahl in der Presse und in Parteischreiben mehrere Mitteilungen. Sie rügte: Im Bundeskabinett säßen in der kommenden Legislaturperiode nur 32 Prozent Frauen. Nach vierzig Jahren Miterleben und Eigenem an gewolltem Lernen, mich 2018 noch einmal in eine Parteischule einzuladen, ist so etwas von unüberlegt und sogar unverschämt. Ich bin überzeugt, dass ich durch meine politische Lebensleistung und für das, was ich an Wissen einer Basisfrau haben müsste, genug angehäuft habe. Fazit: Eine solche Parteischule benötige ich nie mehr.

Der Gipfel an Angeboten aber war, dann dieses Lernen auch noch selbst bezahlen zu dürfen. Und von dem, wie ich mich in all den Jahren über Meinungsbildungen gefestigt und überzeugt habe, abrücken zu müssen, das würde mir heute viel zu schwerfallen. Die für mich vielen gesellschaftlich und politisch relevanten Paradigmen-Wechsel, die danach nötig wären, vollziehe ich lieber ohne eine solche Schule täglich selbst. Ich leiste mir den Luxus einer eigenen Meinung. Denn hautnah mitzubekommen, was im Moment alles in unserer Partei nicht mehr dem entspricht, was mich lange befähigt und angeregt hat, mich politisch zu engagieren – tut weh! Ich erkenne oft nicht mehr die Partei, in die ich eingetreten und in der ich noch bin.

Trotzdem werde ich nicht austreten, wie es viele meiner GenossInnen vorgemacht haben um dann, wenn es ihnen wieder passte, noch mal einzutreten. Oh nein, austreten könnte ich nur mit einem triftigen Grund. Etwa, wenn sie es in der nächsten Zeit nicht schaffen, den aus dem Jahre 1933 stammenden und damals ins Strafgesetzbuch hineingeschriebenen § 219 a ersatzlos zu streichen. Es reicht! Die Krücke mit der Zwangsberatung und was sie auch in einer Koalition aus dem § 218

ff StGB gemacht haben, ist schon armselig genug. Ich denke, *die* müssen mich mit meinem heutigen *Denken* und *Handeln* ertragen. Das bringt ihnen viel Spaß und ist schön für sie. Ich bin sogar überzeugt, es wäre für manche meiner GenossInnen ein »Hochgenuss«, wenn ich endlich gehen würde, wie meine beste Freundin, die kürzlich ausgetreten ist. Für mich ist vielmehr angesagt, einige meiner verfassten Texte, in denen ganz klar zum Ausdruck kommt, wie inzwischen meine Einstellungen sind, hier zu präsentieren. Ich freue mich darüber. Ich grinse des Öfteren, wenn sich die lieben männlichen Menschen wehren, keine Vorsitzende oder Genossin oder Wählerin zu sein.
Saarbrücker Zeitung vom Montag, den 8. Oktober 2018, mit großer Schrift auf der ersten Seite:
»Kramp-Karrenbauer für Frauenquote in der Politik.«
Heute nach 33 Jahren Freiwilligkeit fordert *sie* mit der CDU die Frauenquote? Ob ihre männlichen Gegenkandidaten diese Forderung unterstützen, wage ich zu bezweifeln. Wie soll ich das beurteilen? Ich bin einmal wieder in der Gegenwart angekommen.
Denn selbst das nächste Thema als Märchen hat etwas mit Quotierung zu tun. Spannend, dass ich ausgerechnet an diese Stelle meine vor Jahren gehaltenen Reden und Seminare über Quotierung einfüge. Ich denke, jetzt kann ich sie auch, ohne sie zu kürzen und zusammenzufassen, mitteilen, damit alle lesen und nachempfinden können, was für eine Arbeit es ist, bis so ein Thema in den Köpfen umgesetzt wird. Aber auch wie die innerparteiliche Gleichstellungs-Schnecke gekrochen kam und noch kommt. Die unten eingefügte Glosse habe ich auf ganz vielen Basisebenen gehalten, damit die Frauen vorbereitet waren, was auf der Landeskonferenz auf sie zukommt. Denn die Aussagen sind O-Ton der Unterbezirke – zur damaligen Zeit waren das alles Männer. War das die Angst meiner Genossen?
Das Folgende ist dann wirklich auf der Landeskonferenz so abgelaufen. Als Hauptrednerin bei besagter Landeskonferenz zur Quotierung hatte die Parteispitze die Rechtswissenschaftlerin Heide Pfarr eingeladen. Wir spürten ganz stark, dass Oskar danach gern ohne Beschluss nach Bonn gefahren wäre. Ich hatte vorsichtshalber ungefähr 30 Trillerpfeifen gekauft und verstohlen an meine Genossinnen verteilt. Eine rote Bluse mit weiten roten Ärmeln sollte mich sichtbar machen, wenn

Oskar noch kurz vor der Mittagspause abstimmen lassen wollte, wie wir ihn kannten. Fünf Minuten vor 12.00 Uhr ergriff er das Wort, kurz und bündig: »Lasst uns abstimmen.« Ich riss den Arm hoch und ließ die Frauen pfeifen. Was sie auch mit viel Freude taten. Darüber meine Glosse, wie der gelungene Parteitag abgelaufen ist. Dieses Märchen wurde von mir 1985 in die AsF's gebracht. Das war jeden Abend eine große Freude.
Die kursiv gedruckten Aussagen der Unterbezirke sind Originale. Es sind die heute als Kreisverbände genannten Gremien.

Märchen – oder ist es wahr gewesen?
(Quotendebatte im Saarland)

Da gibt's ein Märchenländchen ganz in der Nähe von Frankreich, wir nennen es Saarland. Es ist bekannt durch seinen »König aller Reußen«, links der Saar. Dort stehen viele Feen, Elfen (das sind die pflegeleichten Frauensleute) und auch Hexen (die Bewussteren), aber auch Füchse und Wölfe in dessen Gefolgschaft. Als die saarländischen Hexen, Feen und Elfen 1985 von dem großen Treffen (AsF-Bundesfrauenkonferenz) aus Hannover zurückgekommen waren, haben sie beschlossen, mit den schlauen Füchsen und den hinterhältigen Wölfen auf Tuchfühlung zu gehen, um all das tolle Gelernte in ihrem Ländchen an die Frauen und Männer zu bringen. In sieben Grafschaften (sie nennen sie Unterbezirke) haben die Hexen an all die Feen und auch die Elfen geschrieben, um sie zu gewinnen. Vielen ist ja klar gewesen, die Zeit der Verbrennung und auch der Verbannung ist schon lange vorbei. Sie haben sich zusammengesetzt und überlegt, wie sie das den Wölfen beibringen könnten. Das, was sie wollten, heißt Quotierung.

In der Grafschaft St. Wendel haben die Füchse gar nichts, von all dem wissen wollen. Sie haben ganz ernst gesagt:
»Wir machen für Elfen (Frauen) keinen Wahlkampf.«

In der Grafschaft Homburg:
»Wir halten nichts von Alibimädchen.«

In der Grafschaft Saarbrücken Land haben die Füchse gemeint:
»Das, was ihr wollt, ist ein Faschingsgag.«

In der Grafschaft Saarbrücken Stadt hat der Oberwolf (Oskar) gesagt: »*Ich bin gegen die Quotierung*«, und damit dokumentiert, was er für ein Demokratieverständnis hat.

In der Grafschaft Merzig sagten die Füchse und die Wölfe immer wieder: »*Wir brauchen das nicht, das haben wir schon alles.*« Ha, ha, ha!

In der Grafschaft Saarlouis sind die Wölfe arg ängstlich gewesen, sie haben den Elfen und Feen den Rest gegeben: »*Lasst Euch ja nicht von den Saarbrücker Hexen anstecken. Wir müssen Schaden von unserer Gefolgschaft (der Partei) fernhalten.*«

In der Grafschaft Neunkirchen aber, mit den allerschlausten Füchsen, ist den verdutzten Feen, Elfen und Hexen gesagt worden: »*Haben wir Euch jetzt das Wahlrecht gegeben, dass Ihr so aufmüpfig und motzig werdet und sogar seid?*«

Diese Zeilen habe ich hier eingefügt, damit Sie einmal zu spüren bekommen, was wir, *die da unten*, immer und immer wieder an Antworten bekamen. Bezugnehmend auf die letzte Aussage aus Neunkirchen muss ich noch anfügen, dass ich an jedem Abend, an dem ich diese Glosse vorlas, darauf aufmerksam machte, wie falsch diese Aussage mit den drei Worten »*Wahlrecht gegeben haben*« war. Wie lange die Frauen um dieses Wahlrecht gekämpft haben, wurde von mir weiter vorne geschildert. Mir war völlig klar: Das habe ich geschrieben, um es für spätere Besuche bei Gruppen der AsF's parat zu haben. Und, da es eine Glosse ist, kam das Märchen auch gut an. Für ganz viele Frauen auf dem Land, die von Quotierung keine Ahnung hatten oder dagegen waren, war eine lustige Aussage sogar aufschlussreicher.
Ihr glaubt ja gar nicht, wie das eingeschlagen hat. Am nächsten Tag steht doch glatt in dem überparteilichen, unpolitischen Monopolblatt SZ der ganze Wortlaut der »Wütenden«. Haben Sie gemeint, die hohen Tiere wären wiedergegeben worden? Nein, *sie* von dem Salz in der Suppe, mit Namen Marlies Krämer. Die Frauen haben dann mit ihrem Papier erreicht, was sie gefordert hatten: Mehr Frauen in Amt und Würden zu bekommen. Der König hat nur, so hinterlistig wie er damals war, wieder einmal eingegriffen, und den kleinsten Lehnschaften (sie nennen sie

Ortsvereine) das Recht zugestanden, sie brauchten sich insofern nicht an diese Abmachung zu halten, als dass er die Begründung aus der Westentasche zog: Wenn ihre Gefolgschaft die vorgeschlagenen 30 Prozent der Mitglieder nicht erreichten, brauchten sie nicht zu quotieren. Denn das Ländchen hatte viele kleine Gefolgschaften. Ihr könnt Euch gar nicht vorstellen, wie sauer die Elfen, Feen und Hexen waren. Sie warten heute noch auf ein Wunder. Ich meine, eines Tages, da haben sie die Faxen dick, da machen sie eine eigene Grafschaft auf.

Wartet nur ab – vielleicht doch einmal?

Ein paar Jahre später hatte sich eine Frauenpartei gegründet. Ich wurde damals von vielen Feministinnen gebeten, ob ich Lust hätte mitzumachen. Aber als ich in vielen Gesprächen spürte, dass das für mich nichts werden kann, blieb ich weiter in der SPD. Frauen sind nicht die besseren Menschen, und außerdem war zu der Zeit mein Credo: *Gemeinsam sind wir stark*. Heute ist mir ebenfalls klar, dieses ganze Separieren, dieses jede kleine Gruppe kocht ihr eigenes Süppchen, das kann nicht klappen. Im Folgenden zeige ich auf, was an Kraft und Aufwand aufgebracht werden musste, um diese heute noch nicht umgesetzten Frauenförderungen auf vielen Ebenen durchsetzen zu können.

Zunächst meine Rede darüber, wie es zu diesem Quotierungsantrag gekommen ist, gehalten im Ortsverein St. Johann im Frühjahr 1986:

> Warum ich also heute hier stehe?
>
> Erstens, möchte ich meine Gedanken dazu formulieren, zweitens, den geschichtlichen Hintergrund dazu abgeben und drittens, habe ich in Hannover einen Auftrag bekommen.
>
> Ich bin von der Quotierung nicht begeistert, sehe sie aber als Instrument an, die Unterrepräsentanz von Frauen abzubauen. Ein Instrument, das wir bis jetzt noch nicht probiert haben, welches in anderen Ländern, wie zum Beispiel Norwegen, aber schon mit großem Erfolg praktiziert wird.
>
> Was heißt eigentlich Quote?
>
> Die Definition aus dem Duden lautet:

»Anteil von Sachen oder auch Personen, der bei Aufstellung eines Ganzen auf den Einzelnen oder eine Einheit entfällt.« (Beziehungszahlen in der Statistik.)
Beispiel:

* Kartellquote
* Konkurrenzquote

Um letzteres handelt es sich wohl bei uns.
In vielen Vorgesprächen zu dieser Diskussion habe ich immer wieder den Satz gehört, wieso fangt ihr jetzt mit der Quote an? Ich frage euch: Fangen wir an?
Seit zweieinhalb Jahren diskutieren wir in der AsF über Quotierung. Seit 8 Monaten im Ortsverein St. Johann. Im Vorfeld zu meinen Ausführungen heute Abend habe ich alles, was an Papieren bei mir angekommen ist, sortiert und aufeinander gelegt. Es waren 9,6 cm, die ich gelesen und analysiert habe. Bei der Analyse stellte sich heraus, dass davon 2,2 cm verabschiedete Anträge waren, ich nenne nur zwei: Den Orientierungsrahmen 1985, gemacht für das Jahrzehnt der Frau, und den verabschiedeten Antrag 596, vom Essener Parteitag im Mai 1984. Bei Nichtverwirklichung bleiben alle diese guten Papiere Makulatur.
Davon verwirklicht ist ein Millimeter. Weiter habe ich festgestellt, dass wir uns in den Grundgedanken einig sind. Das heißt, ich denke in diesem Saal sitzt niemand, *der* (da war ich noch nicht so sprachbewusst) gegen Frauenförderpläne ist. Nennen wir dies' unseren kleinsten gemeinsamen Nenner. Wo sind wir nicht konsensfähig?
Erstens: In der Taktik, also in dem geschickten Vorgehen, um unser Ziel zu erreichen.
Zweitens: In der Strategie, also in der Summe der Taktiken, um unser Ziel zu erreichen.
Drittens: In der Festschreibung in die Satzung. Dabei kann ich sagen, die Zahlen sprechen eine eigene Sprache.
Beginnen werde ich 1871. Ab diesem Zeitpunkt durften »Frauenspersonen« in Parteien, Verbänden und Vereinen mitmachen. Während einer kleinen Feier der Frauen hat Lily Braun, eine Frau aus der bürgerlichen Frauenbewegung gesagt:

»Bitte keine Euphorie, ab jetzt müssen wir die innerparteiliche Gleichstellung durchsetzen.«

Erinnern Sie sich? Das sind satte 147 Jahre her. Wie recht hatte Lily Braun!

47 Jahre später: 1918 hatten sich die Frauen das Wahlrecht erkämpft und zogen im Folgejahr mit 9,6 Prozent in die Nationalversammlung ein.
31 Jahre später: 1949 schrieben die Väter den Artikel 3, Absatz 2, ins Grundgesetz: *Männer und Frauen sind gleichberechtigt.*
Heute, 1985, sind im höchsten Gremium der Bundesrepublik, nämlich im Bundestag, 10,9 Prozent Frauenanteile, das sind in 67 Jahren 1,3 Prozent Zuwachs. Da ist mein Vergleich mit einer Schnecke angebracht.

So hieß es damals noch und die Mütter, vor allem Elisabeth Selbert, die den wesentlichen Satz eingebracht hat: *Wo sind sie?* Wo ist *sie*? Vergessen! Und wie ist die Sprache in unserem Grundgesetz?

Artikel 2
(Persönliche Freiheitsrechte)

(1) *Jeder* hat das Recht auf die freie Entfaltung *seiner* Persönlichkeit, soweit *er* nicht die Rechte anderer verletzt und nicht gegen die verfassungsmäßige Ordnung oder das Sittengesetz verstößt.
(2) *Jeder* hat das Recht auf Leben und körperliche Unversehrtheit. Die Freiheit der Person ist unverletzlich. In diese Rechte darf nur auf Grund eines Gesetzes eingegriffen werden.

Artikel 3
(Gleichheit vor dem Gesetz)

(1) Alle Menschen sind vor dem Gesetz gleich.
(2) Männer und Frauen sind gleichberechtigt. Der Staat fördert die tatsächliche Durchsetzung der Gleichberechtigung von Frauen und Männern und wirkt auf die Beseitigung bestehender Nachteile hin.
(3) Niemand darf wegen *seines* Geschlechtes, seiner Abstammung, *seiner* Rasse, *seiner* Sprache, *seiner* Heimat und Herkunft, *seines*

Glaubens, *seiner* religiösen oder politischen Anschauungen benachteiligt oder bevorzugt werden. Niemand darf wegen *seiner* Behinderung benachteiligt werden.

Vor allem Artikel 3 Absatz 3 strotzt geradezu vor vielen generischen Maskulina. Warum gehe ich an dieser Stelle noch einmal auf das Thema Sprache ein? Weil genau da der Hase im Pfeffer liegt. Wenn wir Frauen (berechtigterweise) die Änderung des Grundgesetzes fordern würden, benötigten wir eine Zweidrittelmehrheit. Die bekämen wir nicht, da im Bundesverfassungsgericht die Quotierung auch noch nicht verwirklicht ist und die Frauen, selbst wenn sie zu 50 Prozent dort säßen, würden nicht für die Frauen stimmen. Das ist der ganze »Circulus Witziosus«. Aber wer liest schon das Grundgesetz? Spannend kann ich ihnen versichern!

Zurück zur Geschichte der Geschichte.

22 Jahre später: 1971 änderte die Partei die Statuten, es konnten Arbeitsgemeinschaften gegründet werden.
2 Jahre später: 1973 wurden bundesweit die Arbeitsgemeinschaften sozialdemokratischer Frauen gegründet.
4 Jahre später: 1977 auf dem Siegener Kongress gab es viele Anträge und eine große Diskussion zur innerparteilichen Gleichstellung und Quotierung.
Das Motto hieß: *Lasst die Pfoten von den Quoten.*
Das Abstimmungsergebnis lautete:
Gegen die Quotierung.
2 Jahre später: 1979 in Erlangen: Wieder große Diskussionen. Das Abstimmungsergebnis lautete:
Gegen die Quotierung.
2 Jahre später: 1981 in Bad Godesberg:
Das Abstimmungsergebnis lautete:
Gegen die Quotierung.
2 Jahre später: 1983 in Bad Godesberg?
Das Abstimmungsergebnis lautete:
Gegen die Quotierung.
2 Jahre später: Am 6. Oktober 1985 in Hannover?

Eine klare Zweidrittelmehrheit für die Quote. Schnecke?

115 Jahre Kampf, die Geduld der Frauen ist am Ende. Dies hat sich alles in den Mottos zum *Internationalen Frauentag* niedergeschlagen. Das regionale saarländische Motto:

Die Geduld der Frauen ist die Macht der Männer.

Das bundesweite Motto:

Die Zukunft ist weiblich.

Ihr merkt, dieses ist also kein Anfang, dies ist das Ende, dies ist die Spitze eines Eisbergs. Für uns ist unser Ministerpräsident und Landesvorsitzender Oskar Lafontaine eine Hoffnungsträgerfigur, das heißt wir hoffen, dass er uns mit der Quotierung und mit der Verwirklichung eines höheren Frauenanteils in der Partei hilft. Ich habe in den letzten Wochen Oskars Reden sehr genau verfolgt und zwei klare Formulierungen von ihm für mich umgewandelt. Seine Aussage beim Heringsessen in Siersburg:

»Wenn das Kapitel Rüstungspolitik geschrieben wird, werde ich konsequent mitschreiben.«

Mit den Augen und Ohren darf ich bei meinem Landesvorsitzenden klauen. Ich habe diese Aussage für mich so umgewandelt:

»Wenn das Kapitel Frauenpolitik geschrieben wird, werde ich im Rahmen meiner Möglichkeiten konsequent mitschreiben.«

Zweites Oskar-Zitat:

»Wir werden an der Saar eine völlig neue Politik machen.« Ich sagte laut in seine Rede: »Oskar lass Dich an dieser Stelle von mir fragen, auch für Frauen?«

Zum Schluss ein paar ganz persönliche Gedanken. Ich arbeite seit neun Jahren in dieser Partei. Die erste Frauenbewegung um Clara Zetkin, Lily Braun und Rosa Luxemburg und viele andere gute Frauen habe ich nicht mehr erlebt, da war ich noch nicht auf der Welt. Während der zweiten Frauenbewegung in den 1970er-Jahren und der 68er-Revolution durfte und musste ich meine Kinder großziehen. Was mir unser jetziger Bundeskanzlerkandidat Johannes Rau verspricht: Die innerparteiliche Gleichstellung sei 1991, also in 5 Jahren erreicht, klingt für mich sehr unglaubwürdig. Heiner Geißler verspricht das Gleiche für das Jahr 2000, also in 14

Jahren. Ich möchte eigentlich in den nächsten Jahren noch einen Erfolg für uns Frauen erleben.

Genossinnen und Genossen,
ich kann doch wohl annehmen, dass unsere Menschen in der Partei, weiblichen wie männlichen Geschlechts, sich nicht so verhalten wie Norbert Blüm, der 1984 äußerte:

»Mich reizt das Frauenthema…, da müssen wir noch 1000 Jahre Verklemmung abbauen…, ich bereite die nächste Kanonade zur Frauenfrage vor! Kein Schnellschuss, diesmal strick ich ganz langsam dran, zwei rechts, zwei links, eine fallen lassen.«
Ich verspreche Euch, wir tun das nicht! Schade, dass Norbert Blüm heute und hier nicht zugegen ist, ich könnte ihm als Hausfrau aus Saarbrücken eine kleine Lehre erteilen. Er spricht von etwas, was er nicht kann, ich kann stricken und weiß genau, wenn ich nur eine Masche fallen lasse, wird's nichts. Ich setze das für uns Frauen um. Wir werden nicht eine Frau fallen lassen. Bei 30 Prozent können wir uns das nicht leisten. Wir werden uns auch nicht spalten lassen, denn dann sind wir nur noch die Hälfte wert. Bei der NATO-Doppelbeschlussdiskussion mit unserem Landesvorsitzenden habe ich auch sehr viel gelernt. Wir haben am Ende einer solchen Veranstaltung einmal ein Lied gesungen, das am Schluss heißt:

»Es finden sich mehr und mehr Menschen bereit,
diesen Krieg zu verhindern, es ist an der Zeit.«
Auch diesen Refrain habe ich für uns umgewandelt:

»Es *finden sich mehr und mehr Menschen bereit, die Quotierung zu befürworten, es ist an der Zeit.«*

(Verhaltener Applaus. Von mir nicht anders erwartet.)

Gleich noch eine Rede im Ortsverein, um zu zeigen, wie viel Lernarbeit zu leisten war, bis zur Durchsetzung der Satzungsänderung für die Quote. Wie viele Frauen selbst in unserer Partei nach dem positiven Beschluss bis heute immer noch gegen Quote waren und sind, werde ich nie verstehen. Für mich ist es ein Instrument und ich stimme den Frauen zu, die von sich sagen: Lieber im Moment eine Quotenfrau sein, um mitten im Geschehen mich einmischen zu können, als eine die außen vor bleibt.

Guten Abend liebe Genossinnen,

ein paar Gedanken zu der vorliegenden Satzungsänderung. Gedacht zum besseren Verständnis für die Menschen, die heute das erste Mal hier sind und das erste Mal von der Forderung nach Quotierung und Verteilung der Funktionen und Mandate hören. Ein Datum und Zahlen dazu als Rückblick. *Quotierung* wird in dieser Partei seit über 80 Jahren gefordert. Damals hat Luise Zietz die Männer in unserer Partei so wiedergegeben:
»Die Genossen haben sich auf den Standpunkt gestellt, die Forderung nach Quotierung ließe ein ungerechtfertigtes Misstrauen gegenüber männlichen Parteigenossen erkennen, ein in den Parteistatuten festgelegtes Verhältnis sei in diesem Falle nicht wünschenswert, notwendig sei viel mehr ein auf gegenseitigem Vertrauen beruhendes Verhältnis.«
Hier werfen sich uns allen einige Fragen auf:

* Haben die Genossen in unserer Partei dieses damals proklamierte Vertrauen umgesetzt und gerechtfertigt?
* Haben sie, mit der ganzen freiwilligen Selbstverpflichtung, die Forderungen verwirklicht?
* Kann sich durch Beteuerungen und Selbstverpflichtung ohne Druck eigentlich etwas ändern?

Dazu meine Fakten:
Seit dem 6. Oktober 1985, nachdem die Bundesfrauenkonferenz die Quotierung mit der Satzungsänderung beschossen hatte, folgte als Erstes:
Am 16. Oktober 1985:
Beschluss des Parteirates: Alle Ortsvereine und Unterbezirke unterstützen den geforderten Frauenanteil, um entsprechend Frauen aufzustellen. Mindestens aber 25 Prozent oder dem Mitgliederanteil entsprechend (im Ortsverein nur mit einer Gegenstimme so angenommen worden).
Im Dezember 1985:
Im Ortsverein Bericht über die Bundesfrauenkonferenz, (siehe weiter vorne) mit dem Auftrag, ihn hier im Ortsverein zu diskutieren.
Im Januar 1986:

Diskussion, Abstimmung und Annahme mit der Weitergabe an die Mitgliederversammlung.
18. März 1986:
Beschluss der Mitgliederversammlung, die Satzung zu ändern.
Im April 1986:
Ortsvereins-Vorstandssitzung, Bildung einer paritätisch besetzten Kommission »Gleichstellung« mit der Aufgabe, die Satzungsänderung vorzubereiten.
Im Oktober 1986:
Klarer Beschluss des Bundesparteitags mit gut formulierten Zielen. Der Frauenanteil soll 1987 mit 25 Prozent in den Bundestag gehen.

Wie sieht das nun heute aus?

Als Beweis gegen die Selbstverpflichtung? Im Bundestag waren bis zum 24. Januar 1987 in der SPD-Fraktion 20 Frauen, das sind 10,9 Prozent Anteil. Aufgestellt wurden 47 Kandidatinnen mit dem Ziel, zu den 20 vorhandenen 20 »neue« Frauen zu nominieren, also mit einer Verdoppelung in den Wahlkampf zu gehen. 7 sollten den Wahlkreis ohne Absicherung gewinnen. 31 sind jetzt in der SPD-Fraktion im Bundestag, das sind 16,06 Prozent. Die Grünen haben 56 Prozent.
Also bei uns – die Vorgabe – die Selbstverpflichtung und das Ziel – nicht erreicht. Punkt!
Ich hoffe, dass dieser Ortsverein die Vorreiterposition, die er so oft in anderen politischen Inhalten geleistet hat, heute und hier vollzieht. Die kleineren Ortsvereine des Saarlandes brauchen die Impulse und die Signalwirkung. Denn wer sonst könnte die Vorarbeit auch für diese Diskussion im Unterbezirk Saarbrücken Stadt leisten?

Genossinnen und Genossen,
überlegt einmal, was hier seit Dezember 1985 abgegangen ist. Systematische, demokratische Basisarbeit, wenn wir die Satzungsänderung so verabschieden. Also:

* Kein Warten auf das Diktat von oben.

* Keinen Druck der Landespartei, sondern wir signalisieren Hoffnung für alle aus dem Saarland, es lohnt sich in dieser Partei fair zu streiten.

Zum Schluss:
Ich denke, es sitzt jetzt niemand mehr hier im Saal, die oder der denkt, mit der Ablehnung sei das Thema vom Tisch – ich versichere Euch:

* Unser Antrag liegt in Bonn,
* unser Antrag liegt beim Unterbezirk in Saarbrücken,
* unser Antrag liegt beim Landesverband.

Wir Frauen der SPD kämpfen weiter für uns und gegen die festgefahrenen Strukturen für mehr Integration von uns. Eine Chance auch für Euch:

Nehmt die Satzungsänderung an. Danke.

Die nächste Ebene, auf der ich unbedingt sprechen wollte, denn ich war Delegierte und hatte Rederecht, war dann der Unterbezirk Saarbrücken Stadt. Das sagt Ihnen, liebe LeserInnen, wenn Sie so eine Debatte oder Diskussion miterleben, vielleicht ein wenig vorsichtiger mit der Bewertung zu sein, ein solches Ringen kann dauern. Wie oft höre ich:
Die da oben – wie lange dauert das denn noch? Merken Sie auf, das ist Demokratie:
Um so eine wichtige Partei- Angelegenheit bis in ein Beschlussgremium zu bringen braucht es, wie ich bis jetzt schon bewiesen habe, Zeit, Zeit, Zeit. Die nachfolgende Rede, gehalten im Frühjahr 1986 im Unterbezirk Saarbrücken Stadt, hat vor allen Dingen andere Argumente, und ich konnte mit abstimmen. Deshalb entsteht eine andere Perspektive. Es war ein spannender Abend, wie der Kommentar zwischen der Rede zeigen wird.

Liebe Genossinnen und Genossen,

ich möchte die Quotendebatte heute aus einer etwas anderen Sicht wie bis jetzt getan – nämlich aus der Sicht schon bestehender Quoten – beleuchten.
Wie ich das meine?

Ja, es gibt bereits Quoten.
Oder ist Regionalproporz, der die Wahl von Männern begünstigt, etwa keine Quotierung?

An diesem Tag bekam ich aus meiner etwas erhöhten Podiumssituation einiges mit. Oskar saß mit einem Genossen in der ersten Reihe. Beide unterhielten sich. Ich war wie immer gut vorbereitet, hatte meine Rede handschriftlich verfasst, um faktisch, chronologisch und kurz bleiben zu können. Außerdem um lesen zu können, damit ich meine Redezeit nicht überschritt und, wie es schon geschehen war, abgeklingelt werden konnte. Deshalb habe ich die beiden Genossen im Auge behalten. Die signalisierten mir: Wir haben an Deinem Geschwätz kein Interesse. Als ich den Satz von der Bevorzugung der Männer erwähnte, sah ich, wie Oskar seinem Nachbarn an den Arm tippte und mit dem Zeigefinger auf seine Lippen zeigte, dann auf sein Ohr. Ich war baff, denn er sah mich jetzt interessiert an und ich formulierte weiter.

Es gibt sie, die Männerquote. Schaut euch hier im Saal um. Laut Bericht sind es 100 Delegierte, davon 19 Frauen zum Abstimmen. Es gibt sie also in den Parteien, in der Erwerbsarbeitswelt, im täglichen Leben, ohne, dass es die männlichen Genossen auf den Plan gerufen hätte.
Männerquote ist kein vereinzeltes Phänomen dieser Gesellschaft. Wer mit offenen Augen und Ohren durch diese geht, trifft sie häufig an. Heide Pfarr, Vizepräsidentin der Uni Hamburg und Rechtswissenschaftlerin, definiert in ihrem Aufsatz »*Quotierung und Rechtswissenschaft*«, die Männerquote so:

Unter Männerquote verstehe ich formelle oder informelle Vorgaben, die schon vor dem Beginn des Auswahl – Verfahrens für bestimmte leitende oder qualifizierte Positionen bestimmen, welcher prozentuale Anteil von Männern aus den entsprechenden Gruppen oder Gremien nicht unterschritten werden sollte. Wichtig ist, dass diese Vorgaben unabhängig davon bestehen, welche Qualifikationen erwartet werden und wie sie auf Männer und Frauen verteilt sind.

Quoten zugunsten von Männern können auf ausdrücklichen Wunsch oder stillschweigenden Vereinbarungen beruhen. Ein paar Beispiele:

Es gibt sie, die Quote zugunsten von Männern:

* im Bundesministerium für Finanzen,
* und dem für Arbeit und Soziales,
* in mindestens einer Oberfinanzdirektion,
* im Justizdienst in Schleswig-Holstein
* und bei der Bundesbahn-Direktion.

Letzteres möchte ich als Fakt näher erläutern: Bei einer Bundesbahn-Direktion in Niedersachsen bestand bis 1981 die Verfügung, dass im kaufmännischen Bereich nicht mehr als 10 Prozent Frauen als Bundesbahn-Assistentinnenanwärterinnen eingestellt werden durften. Nach Aufhebung dieser Verfügung stieg der Anteil der Frauen auf 40 Prozent. Angesichts der Tatsache, dass Quoten, nämlich Männerquoten bereits existieren, geht es bei dem, wovon wir heute reden, um Quotierungen zugunsten von Frauen, mit dem Ziel, alle Quoten, zunächst Männerquoten, aber dann auch Frauenquoten, wenn sie nicht mehr gebraucht werden, abzuschaffen. Diese Aussage trifft allerdings nur dann zu, wenn es sichtbar andere Mittel gibt, Männerquoten und das Defizit an Gleichberechtigung für Frauen abzubauen.
Ich nenne hier nur zwei:

1. Funktionierende Gleichstellungskommissionen und -kreise, die ernst genommen werden, und nicht als 0,01-Gremium bezeichnet werden.
2. Frauenförderpläne auch in den Parteien.

Aber was geschah dann? Kaum ging es um Frauenförderpläne und Quotierung zugunsten von Frauen, sind auch schon die großen Juristen bei uns zur Stelle, um die sogenannte umgekehrte Diskriminierung, also die drohende Benachteiligung von Männern zu befürchten und mit ihren Mitteln schon im Vorfeld zu bekämpfen. Sie sprechen »*Quotenfrauen*« sehr oft grundsätzlich die Qualifikation ab. Meine Meinung ist inzwischen:

Lieber als Quotenfrau Veränderung bewirken, als ohne Quote nicht in den Gremien zu sitzen. Vielleicht sogar lieber mit Alibifunktion arbeiten können, als abstinent bleiben müssen. Die Genossen müssten sich eigentlich von Sachargumenten, von denen es heute Abend sehr viele qualifizierte gab, überzeugen lassen. Es gibt einfach viele Probleme, bei denen Frauen stärker und auch anders betroffen sind als Männer. Dies muss auch politisch erkennbar werden. Stimmt also alle für unseren Antrag. Danke!

In dieser Zeit war ich sehr kreativ, ich verfasste ein Lied zu dieser Debatte und in den Frauen-Gremien haben wir es auch oft gesungen. Und zwar zur Melodie »*Das Glück hat heut Premiere ...*«:

Die Quotierung hat heut Premiere
Und das Stück heißt viele Frauen
Und wenn ihr euch auch wehret
Wir werden auf die Pauke hau'n
Wir sind wie ihr all seh'n könnt
Nicht nur viele an der Zahl
Auch qualifizierte Frauen
Stell'n sich hier und heute zur Wahl
Damit wollen wir erfüllen
die geforderten 40 Prozent
Wir werden uns jetzt vorstell'n
Damit erkennbar wird das Talent.

Die Rede kam bei vielen Genossinnen gut an. Brunhilde war begeistert, drückte mich mit sehr aufmunternden Worten. Einige Männer lobten mich sogar, ich hätte mich gut vorbereitet. Aber das war alles in den 1980er-Jahren. Es ist ja auch vieles schon umgesetzt worden. Die weiter oben über das Innen- und Heimatministerium beschriebenen heutigen Fakten 2018 sind einfach ungeheuerlich. Selbst die eigene Partei hat ihre Beschlüsse nicht befolgt, was soll dann noch geschehen? Die Partei erneuern?

Unsere Forderungen haben die Mitglieder des Ortsvereins bis jetzt noch nicht beachtet oder gar umgesetzt, und zwar auf keiner Ebene. Diese Rede habe ich auf sehr vielen Frauenarbeitsgemeinschaften gehalten. Dann wurde, wie beschrieben, die Quote Beschlusslage in der Partei. Wurde sie umgesetzt? Nein! Und Herr Seehofer, in der höchsten Ebene, macht alles im Alleingang. Der Tag, an dem ich dies schreibe, ist der 14. Juli 2018. Was aktuell an Possen und sogar Streitereien läuft, ist ungeheuerlich. Die beiden Parteien, die ausgerechnet das *C* in ihrem Logo tragen, fetzen sich wie die Kesselflicker. Und meine Angst, das Thema Sprache habe in meinem Buch einen zu großen Raum eingenommen, ist vorbei. Denn täglich äußert sich irgendeine oder -einer der PolitikerInnen über den Begriff Sprache. Die Sätze verraten, dass ich mit allem, was ich schon in den 1980er-Jahren geschrieben und erzählt habe, ganz aktuell bin. Nur der Kontext ist ein anderer, das ist mir klar, ich rede von Sprache, in der wir Frauen nicht vorkommen. Und Leute, seien es JournalistInnen, NachrichtensprecherInnen, KommentatorInnen und viele mehr, bis hin zum Bundespräsidenten Frank-Walter Steinmeier, alle reden und kritisieren die Sprache. Vor allem in den Online-Portalen verrohe die Sprache. Stimmt! Die Nachrichtensprecherin Marietta Slomka behauptete am 12. Juli 2018 gegen 22.00 Uhr: »Die Politik wird durch Sprache dokumentiert.« Einige meiner Partei-GenossInnen meinen: Die Leute reagieren nicht mehr auf Sprache und sie zitieren wieder einmal den guten Willy Brandt, der in solche Zeiten immer herhalten muss, um auf Demokratie hinzuweisen. *»Kritik ist die Sprache der Vernunft«*, war seine sprachliche Forderung und als Ergänzung: *»Ausgrenzung ist schon das Ende der Demokratie.«* Alles bezieht sich auf die leidliche Asyldebatte zwischen den *C*-lern. Ein guter Kommentar eines Politikwissenschaftlers aus denselben Nachrichten: »Populismus entsteht, wenn Demokratie abstirbt. Die liberale Mitte ist verloren gegangen.« Oh, wie recht er hat. Was für mich an anderer Stelle rüber kam, waren die launischen Kommentare des 70-jährigen Journalisten Michael Spreng in der Talk-Show bei Markus Lanz. Er war in Erzähllaune und berichtete unter vielen anderen Storys, wie er das sieht, was da in Bayern passiert. Zwei der wichtigen Männer, er nannte Seehofer und Dobrindt, hätten sich eine blutige Nase geholt und dann müssten immer die Frauen nach vorne. Außerdem braucht Dobrindt den Seehofer halt als Sündenbock. Der habe ja eine konservative Revolution gefordert, um die WählerInnen der AfD zurückzuholen. Wenn die WählerInnen dies nicht verständen, dann fände er das beschämend. Herr

Spreng wagte eine Prognose und sagte, er würde darauf sogar wetten, die CSU bekäme niemals, bei ihrer bald stattfindenden Wahl, eine absolute Mehrheit. So wie diese Posse laufen würde, könnte niemand damit rechnen.
Mehr will ich nicht mehr über das, was da wochenlang für Deutschland, Europa und die ganze Welt gelaufen ist, schreiben. Lieber fahre ich mit meinen Erzählungen weiter.

Die Neue Rechte

Ich war wieder einmal in meinem Keller. Ab jetzt ist Selektion angesagt. Viel zu viele Ordner mit ganz tollen Texten, deren Inhalte aus meiner Sicht noch erzählt werden müssten. Einiges davon war auch am Anfang noch nicht parat und müsste weiter vorne eingefügt werden, wie die Reise mit einer Frauengruppe nach Berlin. Oder den Bericht in der Friedenszeitung, den der Friedenskonferenz in Stadtschlaining im Burgenland in Österreich, mit Johan Galtung. Das wäre dann auch ein kleiner Beitrag aus den 17 Uni-Jahren. Dann meine Reden, als ich in verschiedenen SPD-Ebenen damals meine Bedenken über Jean-Marie Le Pen, Vater von Marine Le Pen, geäußert habe und wie die Genossen das beurteilten. Und am Schluss wollte ich mit meinem Lieblingsthema enden, mit Dingen die ich über mein damaliges Denken und Handeln, was Europa betrifft, geschrieben habe. Wie sah es zur Zeit des Maastricht-Vertrags aus? Gerade jetzt wieder ein hochaktuelles Thema. Und jetzt habe ich Angst weiter zu zitieren und zu formulieren. Ich wollte 250 Manuskriptseiten nicht überschreiten. Warum? Um meine LeserInnen nicht zu langweilen, wie vom Freund konstatiert. Verzeiht mir alle:

Ich muss weiter erzählen!

Zunächst meine Rede, die ich 1988 auf der Unterbezirksdelegiertenkonferenz der AsF Saarbrücken Stadt gehalten habe. Anlass hierfür gab ein Beitrag von Jochen Loreck im *Vorwärts* Nr. 17 vom 23. April 1988, in dem unter dem Titel »Hitlers gestylte Enkel. Neue Rechte: Alte Parolen im modernerem Kleid« über die Vernetzung von konservativen, rechten und neonazistischen Gruppen und Parteien und die Gefahren für das politische Klima in Deutschland berichtet wurde.

Liebe GenossInnen,

weltweit sind die *Ultrarechten* auf dem Vormarsch. Noch vor fünf Jahren nahm niemand diesen Wandel ernst. Wehret den Anfängen, war meine Devise. Sie kam leider nur bei den Jusos an. Damals konnten die Bürgerinnen und Bürger unseres Landes an den Parolen eindeutig erkennen, um wen es sich handelte. Mit »*Ausländer raus*« oder »*Deutsches Volksgut den Deutschen*« grenzten sie sich ganz klar ab. Viele glaubten auch, sie bestünden aus Minderheiten in Minderheiten, wie Skinheads oder die militante Gruppe um Michael Kühnen, aber auch aus den unverbesserlichen Alt-Nazis. Spätestens

* nach der Wahl Haiders in Österreich oder dem Gerangel um Waldheim,
* nach dem Einzug der rechtsextremen Parteien ins Städteparlament in Bremen,
* nach dem Einzug in einige Kommunalparlamente in Franken,
* nach dem guten Abschneiden in Baden-Württemberg und
* nach der Wahl von Le Pen im Elsass,

müssten wir alle wach geworden sein.
Vogel sagte unlängst: »*Wir müssen verdammt aufpassen, was mit diesen Rechtsaußen passiert.*«

Diese Rechtsaußen, sind in ihren Lernprozessen soweit, dass sie niemand mehr auf eine Minderheit in der Minderheit festlegen kann. Wenn ich in Wahlbroschüren dieser Parteien, zum Beispiel der REPs lese:

»*Dem Großkapital muss verboten werden, nur um des Profites Willen ganze Völkerscharen zu verschieben...*« und weiter: »*Der Mensch soll nicht zur Arbeit, sondern die Arbeit zu den Menschen gebracht werden*«,

dann klingt das für unpolitische Menschen wie eine progressive Aussage. Der Sinn, bleibt der Gleiche:

Ausländer raus. Oder? *Ausländer wehrt euch.*

In diesen Parolen wurden AusländerInnen aufgefordert, sich aufzulehnen gegen den Versuch mancher PolitikerInnen, ihnen ihre Identität, Sprache und Kultur zu nehmen. Ein noch überzeugenderes Beispiel, wie Tagespolitik genützt wird:

»*Die Energieversorgung soll nicht länger von Atomkraftwerken abhängig sein. Bei Umweltschäden ist das Verursacherprinzip anzuwenden.*«

> Das sind auch, in diesen Parteien, neue Töne. Die Szene ist zurzeit in einem Wandlungs- und Lernprozess. Aber für uns Frauen klingen die Töne noch erschreckender:
> *»Damit unsere Frauen wieder gute Mütter sein können! Und zwar deutsche!«*
> Aufpassen Frauen, da sind sich doch viele Männer einig. Hier tut gezielte Aufklärung gut. Aber den Schlusspunkt in meiner Analyse setzte vor Tagen Le Pen im Elsass. Jetzt rücken sie uns näher. Das Saarland soll – so die NPD Saar – zu einer Hochburg aufgeputscht werden. Ich danke den Alt-Saarbrückerinnen für den Antrag auf Befassung mit diesem Thema und bitte die anderen AsF's sich einzumischen, um ganz deutliche klare Antworten geben zu können.

Die Antwort auf diese Rede kam vom damaligen Unterbezirksvorsitzenden: »Gell Dolly, Du lässt auch gar nichts aus!«

Meine Meinung heute, 30 Jahre später, dazu: Wir haben diese Rechten und sogar die ganz Rechtsaußen nicht ernst genug genommen. Fast wäre das damals Geschriebene im Keller vermodert. Ich brauche nur die Namen der PolitikerInnen und Parteien auszutauschen und alles ist noch viel trauriger, als ich es in meiner Rede beschrieben habe. Das macht mir als Zeitzeugin große Sorgen. Deshalb habe ich mir 2017 vor der Wahl die Programme der AfD vorgenommen, um zu vergleichen, was sie unseren WählerInnen versprachen. Das bedeutete, mit den Sprüchen zu vergleichen, die in meiner damaligen Rede schon vorgetragen worden waren. Was hat sich in all den Jahren geändert? Ich habe in meiner Recherche eine sehr gute Quelle gefunden. Hier ein paar Zitate, was die AfD, wenn sie ins Parlament käme, ändern wolle. Oh, es hat ja für sie geklappt, sie sitzen ja schon im Parlament. Ich betrachte das Wahlplakat von Frauke Petry. Vor der Wahl war sie noch Vorsitzende dieser Partei, da machten das Bild und die Sprache klar, was sie mit dem Kind auf dem Arm widerspiegeln und symbolisieren muss. Die Imaginierung bestätigt wieder einmal meine These: Sprache verrät die Gesinnung. Auf dem Wahlplakat darunter stand: *»Und was ist ihr Grund für Deutschland zu kämpfen?«* Unten am Rand die weiße Schrift auf hellblauem Grund: *»Trau Dich, Deutschland«*. Kurze Fragen und Antworten.

Dazu einige Kostproben aus den Wahlprogrammen und Broschüren, zum Beispiel was über Bildung geschrieben steht:

»Wir treten für die Gleichheit vor dem Gesetz ein. Deshalb lehnen wir die sogenannte ›Quotenregelung‹ ab.«

Diese ist durch die SPD schon lange im Gesetz verankert, nur leider noch nicht umgesetzt.
Die AfD »lehnt Antidiskriminierungsgesetze ab« und lehnt »Propaganda-Aktionen wie Equal Pay Day ab«.

Sowohl zur Teilzeit und zum Recht auf Vollzeit, als auch zu frauentypischen Minijobs haben sie nichts geantwortet, das ist für diese Leute kein Thema. Über Altersarmut von Frauen – Renten Gap (53 Prozent) – sagen sie:
»Erziehungszeiten müssen eine angemessene Rentenerhöhung der Eltern zur Folge haben.«
Für mich noch weitere sehr wichtige Themen, bei denen sie keine Aussagen machten:

- Die Abschaffung des Ehegattensplittings,
- der Ausbau der Kinderbetreuung in Ganztagsschulen,
- die Vereinbarkeit von Familie und Beruf, in der Hauptsache alleinerziehender Mütter und Väter,
- pflegende Angehörige, diverse Formen des Zusammenlebens,
- Sexualgewalt und Frauenhass.

In den Nichtaussagen ist genau ihre Denkweise zu erkennen, was ich in Parteien und unserer Gesellschaft als »Rechtsruck« feststellen musste. Geglaubt, es hätte sich etwas geändert? Was zum Beispiel die § 218 ff und 219 a und den damit verbundenen Schwangerschaftsabbruch betrifft, verraten sie sich, wie ihre katastrophale politische Einstellung ist. Die Fakten habe ich aus der *Emma* Nr. 5 (334), September/Oktober 2017, entnommen. Jede Person kann den gesamten Text anfordern oder online nachlesen. Es ist eine Übersicht, wie sie sich die SPD-GenossInnen nur wünschen könnten. Nicht wie in ihrem herausgegebenen Heft über *Die Leichte Sprache.*

Noch einmal zu den Anfängen: Ein Berlin-Seminar 1980

Um in meinen Erzählungen abwechslungsreich zu sein, füge ich nun doch die Berlinreise aus meinen Anfängen in der Partei ein – auch weil ich sie erst jetzt gefunden habe. Sie ist mir aber wichtig insofern, als dass ich den Bericht hiervon noch vor der Wiedervereinigung verfasst und vorgetragen habe. Außerdem ist die Geschichte lustig und trotzdem hochpolitisch. Wie haben AsF-Frauen in dieser Zeit gedacht? Ich war die Reiseleiterin.
Meine Frage dazu: Wie denken sie heute? Oder sollen wir diese ganzen AGs besser abschaffen, denn eigentlich spielt in den Ortsvereinen die Musik?

Im Juli 1980, wurde vom Landesvorstand der AsF ein Seminar über zwei Sachthemen ausgeschrieben.

1. Gesamtdeutsche Fragen.
2. Rentenpolitik als Wahlkampfthema.

Bei einem Vorseminar in Bexbach haben sich 29 Frauen eingefunden, um sich ein wenig kennenzulernen und um Schwerpunkte zu setzen, die in Berlin Gegenstand des Seminars sein sollten. Wir haben uns interviewt und vorgestellt. Von 24 bis 72 Jahren, von Hausfrauen über Berufstätige bis Studentinnen, war es eine gemischte Gruppe, die mit vielen Erwartungen unserem Vorseminarleiter Peter Skalweit zuhörte. Es musste auch Organisatorisches abgeklärt werden. Ich wurde zur Reiseleiterin ausgewählt.
Peter berichtete unter anderem über die Friedrich-Ebert-Stiftung, deren Gäste wir über sechs Tage in Berlin sein sollten. Die 1925 gegründete und der SPD nahestehende Friedrich-Ebert-Stiftung ist die größte und älteste sogenannte parteinahe Stiftung in Deutschland.

Der Nachmittag diente uns zur Gruppenarbeit. In dieser wurden schriftlich unsere eigenen Interessen an der gesamtdeutschen

Frage, sowie alles, was uns an der Rentenpolitik wichtig war, stichpunkthaltig fixiert. Die Seminardauer war vom 20. bis 26. Juli 1980 in Berlin festgelegt.
Freitags gegen 18.00 Uhr nahm uns ab Ensheim ein kleines, schon etwas klappriges Flugzeug in Richtung Berlin auf. Eine Fokker, noch mit Propeller. Jedes Luftloch wurde für manche von uns zu einem Trauma. Und die Worte: »Wo befinden sich die Kotztüten«, hörten wir des Öfteren. Alle kamen dann trotzdem recht vergnügt am Flughafen Tegel an. Ein Bus brachte uns in unser Hotel. Dort wurden wir von den beiden Seminarleitern, Fred Becker und Ulrich Fischer erwartet. Sie begrüßten uns sehr freundlich. Sofort wurde das Programm für den nächsten Tag festgelegt. Am Abend hatten wir immer Zeit zu unserer freien Verfügung. Bei der vielen Arbeit sollte also die Touristik ebenfalls nicht zu kurz kommen, ganz nach dem Motto: »Berlin ist eine Reise wert.«
Viele waren Seminarneulinge, das merkten wir spätestens am nächsten Morgen, als wir mit Elke, der Exkursionsleiterin, die vorher geplante Stadtrundfahrt erleben durften. Wir fuhren alle wichtigen Punkte in Westberlin an. Mit der Besichtigung der Gedenkstätte in Plötzensee, über die typischen Berliner Hinterhöfe, zur Mauer, bis ins Märkische Viertel. Damit war das Vormittagspensum ausgefüllt. In der Gedenkstätte wurde mir schlecht und meine Gruppe konnte nicht verstehen, warum ich sogar weinte. Ich sah den Klotz, auf dem die auch im Saargebiet tätige Widerstandskämpferin Johanna Kirchner hingerichtet worden war. Ich dachte: »An dieser Stelle haben sie Johanna geköpft.« Ich musste aus diesem Raum gehen und habe mich erbrochen. Heute bin ich stolz und glücklich, dass im Rathaus Saarbrücken eine von mir initiierte Büste an Johanna Kirchner erinnert und ein Mahnmal für mein Motto ist:
Nie wieder Krieg, nie wieder Faschismus!
Am Nachmittag gab es die erste Aufgabe. Im Reichtagsgebäude hatte Annemarie Renger eine Ausstellung zum 25. Jahrestag der Konstituierung des deutschen Bundestages eingerichtet. Anhand von Bildtafeln und Gegenständen, über Ideen, Kräfte und Entscheidungen, wurde die deutsche Geschichte von 1800 bis in die

Gegenwart dargestellt und erläutert. Die Aufgabe bestand darin, in drei Gruppen Bildtafeln anzusehen, um am nächsten Morgen wenigstens ein bisschen in unsere Geschichte zurückblenden zu können. Von der Revolution über den Wiener Kongress bis zu den Aufständen der Arbeiterklasse wurde die Entstehungsgeschichte unserer Partei detailliert erarbeitet.

Die restlichen Tage sollten uns dazu dienen, wenigstens einen, wenn auch kleinen, Einblick in das Rentenchinesisch zu verschaffen. Dass wir uns dabei ein sehr schwieriges Thema ausgesucht hatten, wurde allen schon am ersten Tag klar. Wir erinnerten uns, dass wir in Bexbach dazu vieles selbst formuliert und gesammelt hatten. Ein wichtiger Grund war, an Wahlständen und bei Diskussionen bessere Aussagen tätigen zu können. Wir lernten sogar, wie eine Rente berechnet werden kann. Ein Beispiel war die Rente von Karl Mayer, einer realen Person. Dazu mussten neue Begriffe in unseren Kopf. Vier Faktoren bestimmen die Rentenhöhe:

1. die Versicherungsjahre,
2. die persönliche Rentenbemessungsgrundlage,
3. die allgemeine Bemessungsgrundlage,
4. der Steigerungssatz, abhängig von der Rentenart.

Das war für viele von uns nicht immer leicht aufgrund der geringen Vorkenntnisse. Einige fühlten sich überfordert. In drei Gruppen aufgeteilt versuchten wir alle das Gleiche. Einer Gruppe gelang es sogar, bis auf 19 Pfennige genau zu errechnen, wie viel herauskommen sollte. Danach blieb jedoch nicht mehr genug Zeit, für den noch vorgesehen Teil. Die Köpfe rauchten, deshalb zogen wir die Seminarkritik vor. Die Stimmung war bis auf den Nullpunkt gesunken. Der größte Kritikpunkt war, dass unser Dozent Fred bei der Gruppe ein sehr hohes Niveau vorausgesetzt hatte. Die Schulung solle allgemein verständlicher gestaltet werden. Meine Kritik als Reiseleiterin gegenüber dem Dozenten fiel folgendermaßen aus: »Du bist hier nicht an einer Universität, sondern Du hast sehr willige Genossinnen vor Dir, mit einem unterschiedlichen Bildungsgrad. Sie wollen aber der Partei an Wahlständen als Multiplikatorinnen dienen.« Er fühlte sich angegriffen, dadurch ergaben sich sehr hitzige Diskussionen auf beiden Seiten. Wir spürten ganz stark, hierbei waren sich die beiden Seminarleiter selbst nicht einig. Das gab uns die Möglichkeit, den Rest in eigenen Gruppen, das heißt, ohne Seminarleiter zu erarbeiten. Zur zukünftig gewünschten Rentenreform sollten wir die Unterschiede in den Parteiprogrammen von CDU, SPD und FDP herausfinden und in Stichworten auf großen Bögen verständlich darstellen, um sie später im Plenum für alle zu erläutern. Mit viel Hilfe gelang uns das.

Am nächsten Vormittag beglückten sie uns mit einem sich besonders »wichtig« fühlenden Menschen der BfA, der Bundesversicherungsanstalt. Er sollte die bei uns noch offenen Fragen beantworten. Gefragt zur Sicherheit der Renten antwortete er mit der stereotypen Aussage: »Wenn der Generationsvertrag läuft, und wie es aussieht läuft er, dann ist die Rente bis 1998 gesichert. Wenn aber ab heute nichts mehr eingezahlt würde, dann wären die flüssigen Reserven in zwei Monaten aufgebraucht. Dass niemand mehr einzahlen würde, das gäbe es allerdings nicht, also sei die Rente sicher.«

Damals war vom Pillenknick, obwohl bekannt, noch keine Rede.

Am Nachmittag ging es nach Ostberlin. Lehnchen wollte nicht mit. Die westdeutsche Propagandamaschine gegen die DDR war bei ihr leider gut angekommen. In meiner Funktion als Reiseleiterin habe ich mit Engelszungen an ihr geredet, Überzeugungsarbeit geleistet und schlussendlich konnten wir alle unsere so wichtige Exkursion starten. Die Formalitäten wie Passkontrolle, Geldwechsel und so weiter waren schnell erledigt. Lehnchen immer in meinem Kielwasser. Bei der VOPO (Volkspolizei) an der Kontrolle sagte ich zu einem der Männer: »Könnten Sie bitte meiner Kollegin ein Lächeln schenken, sie ist ein wenig ängstlich.« Er kam an das als Schalter dienende Guckloch und reichte ihr mit einem sehr freundlichen Lächeln die Hand mit den Worten: »Willkommen in der DDR, der Deutschen Demokratischen Republik.« Wie in Westberlin besichtigten wir die markantesten Punkte, Friedrichstraße, Oper, Humboldt-Universität, Haus des Friedens, Alexanderplatz

mit Alex, und stellten fest: Hätten wir Ostberlin nicht besucht, wäre es nicht ganz Berlin gewesen.
Nach dem offiziellen Teil konnte sich jede Frau einzeln oder in Gruppen ein Bild von Ostberlin machen und persönliche Eindrücke sammeln. Ulrich und ich besuchten am Abend eine Vorstellung im Brechttheater, »Bezahlt wird nicht« von Dario Fo. Ich hatte diese Farce schon einmal in Saarbrücken gesehen und so war es für mich spannend, die Inszenierungen zu vergleichen. Die Darstellung im Brechttheater war schon toll. Teile des Publikums wurden mit ins Stück eingebunden. Am Ende, als die Menschen dem Ausgang zustrebten, verloren wir uns nur kurz aus den Augen und als ich mich umdrehte, um Ulrich zu suchen, war er verschwunden. Meine Angst wuchs jetzt auch ein wenig und ich dachte an Lehnchen. Da sah ich auf der Straße einen Volkspolizisten stehen. Mit den Sätzen: »Die Polizei dein Freund und Helfer«, bewusst nicht »Die Polizei deine Freundin und Helferin«, erzählte ich ihm, was mir geschehen war. Ich sei eine Frau aus dem Westen, Sozialdemokratin, ich hätte heute auch Ostberlin besucht, mit einer Theatervorstellung beendet und mein Übungsleiter sei mir abhandengekommen. Er solle mir bitte den Weg zeigen, wie ich wieder nach Westberlin zurückkommen könne. Er lachte und fragte ungefähr Folgendes: »Machen Sie das, was ich jetzt tue, mit?« Ich hatte sofort Vertrauen zu diesem Mann gewonnen und sah eine Hoffnung, vielleicht kann er mir ja helfen. Er marschierte mit mir zu einem an der Straße gelegenen Zollposten vor dem Bahnhof Friedrichstraße. Dort befand sich eine lange Schlange an Menschen. Er stolzierte mit mir am Arm an allen Personen vorbei, ging auf einen Kollegen zu, sprach kurz mit ihm, kam dann wieder zu mir, nahm mich in die Arme, drückte und küsste mich, schob mich durch die Kontrolle und winkte mir, wie einer Verwandten oder gar lieben Bekannten, noch einmal freudig mit der Hand zu. Ich war so überrascht, dass ich alles habe mit mir geschehen lassen. Der Grenzbeamte zeigte mir den Weg zum Bahnhof und meinte: »Wenn Sie sich beeilen, dann bekommen Sie den Zug, er fährt alle Stunde.« Im Zug dachte ich immer und immer wieder an den Film mit O.W. Fischer, »Es muss nicht immer Kaviar sein«,

in dem der Hauptdarsteller oft, wenn etwas Seltsames oder auch Lustiges geschah, den Spruch benutzte: »Wenn ich das in meinem Club erzähle, das glaubt mir niemand.«
Gleich neben dem Hotel befand sich ein Lokal, in dem wir uns am Abend treffen wollten, um Abschied zu feiern. Als ich eintraf, war Ulrich schon da, eine Situation wie der Hase und der Igel, da bin ich schon. Wie erwartet, glaubte mir im Moment niemand, was ich da so von mir gab. Ulrich bestätigte die Theatervorstellung und dass wir uns aus den Augen verloren hätten. Sie hatten sich alle schon Sorgen gemacht, wollten sogar die Polizei benachrichtigen.
Am nächsten Morgen ging unsere Seminarwoche mit dem Heimflug zu Ende. Es waren ereignisreiche Tage, die wir in die Partei trugen, und merkten:
Alles Gelernte können wir sehr gut gebrauchen.

Diese Geschichte habe ich eingefügt, weil es mit an Sicherheit grenzender Wahrscheinlichkeit sehr lustig ist, nach 38 Jahren zu erfahren, was *die da unten* an der Basis gewillt waren, für das politische Handeln zu lernen.
Das nächste Kapitel ist für mich ein Muss, insofern, als dass es eine kleine Wiedergabe meiner 17 sehr bereichernden Jahre als Gasthörerin an der Uni ist. Zudem ist es eines meiner politischen Lieblingsthemen – was wählten wir 2019?

EUROPA!

Stadtschlaining – Friedensforschungsinstitut und EPU (Europäische Friedens-Universität)

Wie viele Personen mag es im Saarland geben, die Stadtschlaining kennen – mit seiner Bedeutung? Wenige!
1992, als Johan Galtung ein Jahr Gastprofessor an der Universität des Saarlandes war, um seine schon berühmten Zivilisationstheorien vorzutragen und seinem weltweit bekannten Begriff »strukturelle Gewalt«, den der »kulturellen Gewalt« hinzuzufügen, fiel in einem Angebot der Friedensforschungsgruppe Saar der Name des Ortes Stadtschlaining und einer Sommerakademie, die dort stattfinden würde. Marlies Krämer und ich waren in diesen beiden Semestern Gasthörerinnen bei Galtung. Der Gedanke reifte in uns, die Sommerakademie zu besuchen. Zuerst waren es Informationen, die wir dringend benötigten. Inhaltliche, aber auch finanzielle, denn es sollte unser Budget nicht überschreiten.
Wir erfuhren: Stadtschlaining liegt in Österreich, im weinbebauten Burgenland und hat, wie soll es anders sein, eine Burg. Der Ort, inzwischen Stadt mit Friedenserklärung, ist ein ungewöhnlicher, mit reicher Geschichte. Er hat, neben der Burg, zwei Kirchen und eine ehemalige Synagoge. Sein Ortskern stammt noch aus dem Mittelalter; er liegt in einer idyllischen Landschaft, nahe der ungarischen Grenze, (»Jugoslawien« ist auch nicht weit) und 90 Autominuten von Wien entfernt. Eigentlich keine gute Ausgangsposition, soweit von der »Welt« und den wichtigsten Ereignissen. Aber der Landesrat Dr. Gerald Mader schaffte das Wunder und an Österreichs Peripherie entstand eine Institution, einmalig in

der Welt, mit internationalem Flair und Charakter. Es sollte nicht nur WissenschaftlerInnen aus der ganzen Welt als Tagungsort dienen, oder Konfliktparteien (»Jugoslawien«) als Treffpunkt, nein es sollte auch die Region in seiner Infrastruktur fördern, also den Fremdenverkehr ankurbeln. Die Kosten, die uns entstehen würden, waren zwar für uns sehr hoch, aber der Bazillus »Burg« hatte uns erfasst, das Programm so inhaltsschwer:

Europa – Gehirn oder Krankheit der Weltgesellschaft?

leistete die letzte Überzeugungsarbeit. Mit dem Hintergrundwissen aus der Universität fuhren wir am 3. Juli 1992 los. Die Sommerakademie sollte bis zum 12. Juli dauern.

Es ist weit und 17 Stunden Bahn- und Busfahrt – mit allen Komplikationen – nervt, aber wir waren glücklich, gut angekommen und gut untergebracht zu sein.

Dort erfuhren wir zuerst weitere, wichtige Stationen:

Am 6. September 1982 wurde in Wien der Verein »*Österreichisches Institut für Friedensforschung*« gegründet. Ziel war die Schaffung einer internationalen Einrichtung zur Friedensforschung. Dazu wurde Stadtschlaining als Konferenzort ausgewählt. Der Anfang war nicht nur schwer, sondern fast nicht zumutbar. Ein österreichischer Journalist beschrieb sehr treffend: »Mader und seine MitarbeiterInnen hatten kein Geld, keine Macht, keine Partei im Rücken, waren in der Burg Stadtschlaining nur geduldet, die Arbeitsräume ohne Heizung.« Das alles in einer Zeit, in der Friedens- und Konfliktforschung der Tod vorausgesagt wurde. Bei uns in Deutschland sollten Institute geschlossen, zumindest minimiert oder gar ausgedünnt werden.

Die Eckdaten 1492–1992–2492 mit dem Untertitel »*Zum Umgang mit Gewalt und Selbstverständnis Europas*« aus der Einladung und die Vorinformationen zu den Inhalten waren schon geschichtsträchtig, aber die internationalen Namen und Titel machten auch Angst. Würden wir diesen geistigen Anforderungen gewachsen sein? Im Nachhinein bewundere ich noch heute unseren Mut.

Die Herausforderung hieß – jetzt schon überlegen – was bedeuten diese Eckdaten – was soll es mit dem »Gehirn« oder der »Krankheit« auf sich haben? In der Vorankündigung der Friedensforums-

ausgabe Juli 1992/2 des Studienzentrums lasen wir, um was es gehen sollte:
»Vor dem Hintergrund der janusköpfigen Bilanzen der großen makrogeschichtlichen Prozesse, die stichwortartig mit den Jahreszahlen 1492, 1789, 1917, 1989 symbolisiert werden können, versuchen wir die Gegenwart Europas – 1992 – zu begreifen, mit einem Ausblick auf die 1990er-Jahre und auf das nächste Jahrtausend, der über die apokalyptischen Hysterien des näher rückenden Millenniums hinausweisen soll – einen Ausblick, nicht nur auf Szenarien von 2011 – auf die planetarischen Entdeckungen von 2092« (Wilfried Graf).
Angekündigt wurden drei Gruppen, die sie auf dieser Sommerakademie zusammenbringen wollten:

* die OptimistInnen,
* die PessimistInnen,
* die kritischen KonstruktivistInnen.

Europa sollte zumindest theoretisch neu gedacht werden. Vergessen die vielen Frauen, die auch während der Sommerakademie zu Wort kamen und jene, die aus diesen vielen Theorien auch Umsetzungsmöglichkeiten suchten. Nur mitgedacht, wie immer.
Freitag, den 3. Juli 1992, um 19 Uhr wurden die üblichen Grußworte des Institutes und der Politik gehalten. Aber es gab auch gleich zu Anfang einen außergewöhnlichen Eröffnungsvortrag von Carl Wolmar Jakob von Uexküll (London/ Stockholm), dem Stifter des »Right Livelihood Awards« (alternativer Nobelpreis), zum Thema:
Projekte der Hoffnung – Weichenstellung für neue Beziehungen in der Weltgesellschaft.

Von Uexküll forderte, im angehenden dritten Jahrtausend neue Beziehungen zwischen Europa und den anderen Teilen der Welt auf eine Basis des wechselseitigen Lernens zu bringen und weiter:

* bei der Rettung der Umwelt radikalere Mittel anzuwenden,
* das Europa der Männer habe keinen Bestand,
* es gilt andere Vorgehensweisen und andere Wahrheiten zu finden.

Er behauptete: »*Was überall vertretbar ist, ist überall nicht mehr vertretbar.*«
Anschließend Small-Talk beim Empfang der burgenländischen Landesregierung, mit Imbiss, Umtrunk und Kennenlernen.
Samstag, den 4. Juli, begann der Altmeister der Friedensforschung Johan Galtung mit seinem Akademietitel: *1492–1992–2492, Europa – Gehirn oder Krankheit der Weltgesellschaft*. Er zeichnete in zweieinhalb Stunden eine Zivilisationstheorie, mit seinen Kosmologien, in einer Art, die einmalig ist, mit leicht verständlichen Zeichnungen und Grafiken. Galtung zählt zu den Kritikern einer europäischen Union, er formulierte sehr klar: »Die westlichen Kulturen nehmen sich das Recht und sie empfinden es als Pflicht, den Rest der Welt zu bekehren«... und weiter: »dass wir nur eine Chance haben, wenn sie zur Selbstkritik fähig und in der Lage sind, die aggressiven Elemente in ihrer Kultur zu bannen.«
Der Tag ließ auf weitere Vorträge ausschauen, zum Beispiel *Zivilisation, Religion und Gewalt* (Christoph Wulf, Berlin), oder *Die Friedensfähigkeit des weißen Mannes.* (Astrid Albrecht-Heide, Berlin).
So oder ähnlich waren alle Tage bis zum 12. Juli. Es war immer wieder spannend, die schon erwähnten Eckdaten aus den unterschiedlichen Sichten und Bezügen zu hören. Allmählich wurde die Krankheit EUROPA herausgefiltert. Wir, Marlies und ich, die wir uns nun wirklich als EuropäerInnen fühlen, hatten den Mut fast verloren, das wird wohl nichts mehr mit dem Gehirn, bei so viel schlechter Geschichte – so mit Columbus und IndianerInnengenozid* oder auch Kolonialisierung und Christianisierung. Wenn:

* PhilosophInnen,
* SoziologInnen,
* PolitologInnen

referieren, fabulieren, mitteilen, informieren, erzählen, dann ist die »*ZuhörerInnenzumutbarkeitsgrenze*«, nicht nur erreicht, nein

*gemeint ist der Genozid an der indigenen Bevölkerung Amerikas. Der Begriff steht in dem 1994 veröffentlichten Bericht und würde heute von der Autorin so nicht mehr verwendet werden.

sogar überschritten. Ein konstruktiver Vorschlag wäre, dem geballten Überangebot an geistigen, wissenschaftlichen Vorträgen etwas mehr Menschennähe und Mitredemöglichkeit (also Selbsteinbringung) zu geben. Selbstverständlich ist, dass gerade diese hochkarätigen Beiträge, vor allem in ihrer Komplexität und der angewandten Dramaturgie der Reihenfolge, dem Institut den weltweiten guten Namen – schon allein wegen der statushohen Persönlichkeiten – gegeben haben.

Aber da gab es ja noch die Workshops, Arbeitskreise und Arbeitsgruppen (Gesprächsrunden), rund 20 an der Zahl, einige von den vortragenden Personen zu ihren jeweiligen Inhalten – wer also am Thema bleiben wollte, die/der konnte das tun. Die Workshops, in denen das Mitspielen wichtig war, boten an, beim Dominanzverhalten – sprich Dominanzkultur –, Psycho-Drama oder Maskenherstellen und so weiter mitzumachen. Das Angebot war überwältigend. Also war Selektion angesagt. Sehr schnell fiel die Entscheidung, in eine Gruppe zu gehen, die etwas im Spiel erarbeitete, um uns nach all dem Sitzen und Hören selbst einzubringen und auszuagieren. Die Gruppe zum Dominanzverhalten wurde mit der Zukunftswerkstatt zusammengelegt und die Arbeit konnte beginnen. Wir sollten nonverbal unsere Herkunft (also unsere Wurzeln) darstellen. Schon dieser kurze Einstieg bewies, wie viel Kreativität und Humor in all den Mitmachenden vorhanden war. Wir haben auch das Akademiethema gemalt und gespielt, ohne Worte nur mit Farbe, Pinsel, Gesten und Mimik. Es war super, wie wir neue Formen der nonverbalen Kommunikation erfanden und uns sogar verstanden. Das Einfühlen in eine andere Kultur und sich dort wohlzufühlen sind unvergessliche Erlebnisse. Die Psycho-Drama-Gruppe hatte sich die Geschlechterdominanz in Form von Meditation und anschließendem Malen ausgesucht. Frauen bauten eine neue Welt ohne Dominanzgehabe und malten, wie soll es anders sein, eine runde Welt. Männer duldeten niemanden in ihrem Reich und malten, erstaunlich oder auch nicht, sehr viele Phallussymbole, wie große, hohe brennende Kerzen, Türme, die fast nicht endeten und einfach aufragende »Etwas«, nicht zu definieren.

Ein weiteres herausragendes Angebot war der Abend, an dem auf dem Podium die unterschiedlichsten Konfliktparteien aus dem ehemaligen Jugoslawien zusammengebracht wurden. Wir erfuhren von Betroffenen, wie es um die kriegerischen Auseinandersetzungen bestellt war. Wovor sie Angst hatten, vor der Eskalierung und Ausweitung der Auseinandersetzungen, zum Beispiel auf das Gebiet des Kosovos, und welchen Anteil auch wir Deutschen hätten. Die Anerkennung einer dieser Staaten, und damit die Ausgrenzung der anderen, außerdem viele Details über Familiengeschichten, die erschüttern mussten.
Das Gehirn könnte sein, viele solcher Runden zu organisieren, dafür ist Stadtschlaining prädestiniert.
Der Krieg war so nahe, dass wir das Donnergrollen hörten.
Inzwischen ist dort noch ein neues Projekt verwirklicht, worden, was als Modell einmalig in der ganzen Welt ist. Studierende können sich zum »Master of Peace« ausbilden lassen. Die Befähigung in Krisengebiete gehen zu können, um dort Konflikte zu lösen – friedlich. Das EPU wurde 10 Jahre vorbereitet, inzwischen ist das Pilotprojekt abgeschlossen, 25 AbsolventInnen stehen als KonfliktlöserInnen zur Verfügung. Das Programm nennt sich: *»International Civilian Peacekeeping and Peace building Training Programme«*. Es besteht aus Intensivkursen, die englische Sprache ist Voraussetzung. Ziel ist eine Ausbildung für eine konkrete, flexible und vor allem praxisbezogene Friedensarbeit. Da es ja sowieso ein Anliegen der UNO ist, in allen Teilen der Welt solche zivilen Aufgaben in den Bereichen:

»Vorbeugende Diplomatie«,
»Friedenssicherung«,
»Friedensschaffung« und
»Friedenskonsolidierung«

zu installieren, ist Stadtschlaining mit seiner EPU (Europäischen Friedens-Universität) nur ein nachahmenswerter Anfang.

Niemand hat es auf der Sommerakademie so auf den Punkt gebracht, wie Charlotte Teuber, Wien. Sie sagte: *»Auf welchen Schultern stehe ich? Dilemmata für eine große Strukturveränderung* *wäre – Patriachatskritik. Elend ist das weiße bürgerliche Herrschaftsubjekt und das ist der weiße Mann.«*

Fazit: Es war gelungen, die anfangs erwähnten Gruppen zusammenzubringen. Beim abschließenden Fishpool konnten wir feststellen: Das war für uns ein wichtiges Ereignis in unserem Leben, das eigentlich nur Hunger macht, mit Stadtschlaining in Verbindung zu bleiben.

Dieser Text wurde in *Frieda*, der Jubiläumsausgabe 1/1994 der Zeitung des »Vereins für Friedenserziehung im Saarland, e.V.«, von der Herausgeberin Christa Jenal publiziert.

FRIEDA:
F riedlich
R adikal
I ntelligent
E manzipiert
D emokratisch
A lternativ

Ich wurde Vollmitglied. Drei Jahre habe ich das durchgehalten, bis mein Mann mir dafür kein Geld mehr zubilligte.

Europa war mir in den Jahren zuvor schon ein wichtiges Anliegen, vor allem hinsichtlich der Stellung der Frau darin. Den nächsten Bericht habe ich auf Bitte von Brunhilde geschrieben und im Ortsverein St. Johann vorgetragen. Der Grund: Es war die erste Konferenz, auf der ich sie vertreten sollte. Da der Bericht in unserem Ortsverein gut ankam, wurde ich oft eingeladen, ihn in anderen politischen Gremien vorzutragen.

Sind Europas Frauen gleichberechtigt?

Was fällt mir zu Europa – im Hinblick auf Frauen – ein?

* Sind sie gleichberechtigt?
* Im Alltag?
* Im Beruf?

Im Europäischen Parlament wird viel gefordert – im Europarat, der konservativ ist, viel abgeblockt.

Gehen wir doch einmal ein wenig zurück:

Im Juli 1979 fand die Wahl zum ersten direkt gewählten Europäischen Parlament statt. Die Wahlbeteiligung war gering, um die 60 Prozent. Die zu erwartende Wahlbeteiligung für 1984, wobei hier im Saarland Europa- und Kommunalwahlen kalendermäßig zusammenfallen, wird als noch geringer vorausgesagt. Prognose: 56 Prozent.
Es ist unsere Aufgabe, die Europäische Gemeinschaft mit ihren Institutionen bekannt zu machen.
Bei den meisten BürgerInnen ist Europa mit seinen Aufgaben landauf, landab nur in Bezug auf Butter- und Weinberge oder andere landwirtschaftliche Querelen bekannt. Wir wollen hier Zukunftschancen und neue, andere Perspektiven darlegen.
1979 wurden auf deutscher sozialdemokratischer Ebene 34 Abgeordnete, davon 7 Frauen, gewählt:
Katharina Focke, Luise Herklotz, Magdalene Hoff, Heinke Salisch, Lilo Seibel-Emmerling, Beate Weber und Heidemarie Wieczorek-Zeul. Luise Herklotz kandidiert nicht mehr.
Dieses Mal stehen 54 Männer und 18 Frauen zur Wahl.
Ich möchte Euch berichten und Wege aufzeigen, was wir sozialdemokratischen Frauen – und zwar jede einzelne von uns – dazu beitragen können, dass der europäische Gedanke weitergetragen wird, im Hinblick auf Frauen. Fangen wir einmal bei uns in der Bundesrepublik auf unserer nationalen Ebene an:
Für unsere Gleichberechtigung haben wir einen Artikel und zwar den Nr. 3 Absatz 2, als Garantie. Als Garantie?
Dazu sagt die Regierung:
»*Man* geht davon aus, dass die Gleichbehandlung sichergestellt ist.«

Wer soll bei diesem *man* wissen, wer davon ausgeht, dass die Gleichberechtigung sichergestellt ist?
Außerdem halte ich heute, 2018, von all dem Gelabere um die Gleichstellung überhaupt nichts mehr. Meine Forderung lautet: Ich möchte

mit Männern auf Augenhöhe gleichwertig sein. Und für diese Forderung werde ich arbeiten, bis ich die Augen schließe.

Das heißt, die Regierung glaubt, dass es keine Diskriminierungen, sei es in der Erwerbsarbeitswelt oder im privaten Bereich, gibt. Die Praxis hat gezeigt: Wenn wir alle die Augen öffnen und einmal sensibilisiert wären, das heißt, wenn wir uns empfindlich machen würden, dann könnten wir feststellen, dass es noch viel zu tun gäbe. Um nur zwei von vielen Beispielen zu nennen:

* Vereinbarkeit von Familie und Beruf, (*Kitas?*)
* Gleiche Arbeit (Erwerbsarbeit) – gleicher Lohn und so weiter.

Vergegenwärtigen wir uns den Begriff Diskriminierung. Er bedeutet *herabsetzen, herabwürdigen* und behandelt uns – wie dargelegt – unterschiedlich in Werbematerialien, Aufsätzen und Reden. Wir werden oft auf die beiden Begriffe mittelbare und unmittelbare, korrekt ausgesprochen, direkte und indirekte Diskriminierung stoßen und nichts damit anfangen können. Die *direkte* Diskriminierung ist eine auf den ersten Blick zu erkennende. Die *indirekte* ist nicht gleich zu erkennen. Sie ist bis heute noch nicht definiert. Die Definition derselben ist eine wesentliche Forderung des Europäischen Parlaments, damit der Europäische Gerichtshof besser urteilen könne. Das ist einleuchtend.
Wer kann nun den Gerichtshof der Europäischen Gemeinschaften anrufen? Einzelpersonen haben keinen direkten Zugang zum Gerichtshof der Europäischen Gemeinschaften, der nur von der Kommission im Rahmen des Verstoß-Verfahrens oder den einzelstaatlichen Gerichten angerufen werden kann.
Eine Frau, die ihre auf der europäischen Gesetzgebung basierenden Rechte geltend machen möchte, muss sich zunächst an die zuständigen Gerichtsinstanzen ihres Landes wenden. Ihr Fall kann gegebenenfalls dem Gerichtshof unterbreitet werden, wenn das nationale Gericht ersucht, über ein Problem in Bezug auf die Auslegung des Gemeinschaftsrechts zum Beispiel dann zu entscheiden, wenn ein Konflikt mit dem nationalen Recht oder Zweifel über die exakten Auswirkungen des Gemeinschaftsrechts bestehen. Was tut nun das Europäische Parlament, um diese For-

derungen durchzusetzen? Auf Vorschlag der Kommission hat der Ministerrat drei Richtlinien verabschiedet, um die Gleichstellung von Männern und Frauen in folgenden Bereichen sicherzustellen:

1. Entgelt:
   Richtlinie 75/117 vom 10. Februar 1972 »zur Angleichung der Rechtsvorschriften der Mitgliedstaaten über die Anwendung des Grundsatzes des gleichen Entgelts für Männer und Frauen«,
2. Beschäftigung und berufliche Ausbildung:
   Richtlinie 76/207 vom 9. Februar 1976, über »Gleichbehandlung von Männern und Frauen beim Zugang zur Beschäftigung, zur beruflichen Bildung, zum beruflichen Aufstieg und in Bezug auf die Arbeitsbedingungen«,
3. Soziale Sicherheit:
   Richtlinie 79/7 vom 19. Dezember 1978 über »die schrittweise Verwirklichung des Grundsatzes der Gleichbehandlung von Männern und Frauen im Bereich der sozialen Sicherheit«.

Eine vierte Richtlinie im Bereich der Zusatzsysteme für die soziale Sicherheit ist in Vorbereitung.
Was verstehen wir unter einer Richtlinie?
Eine Richtlinie ist ein zwingendes gemeinschaftliches juristisches Dokument, das vom Ministerrat einstimmig verabschiedet wurde. Sie legt ein oder mehrere präzise Ziele fest, die Mitgliedstaaten in einer bestimmten Frist in nationales Recht umsetzen müssen. Allerdings lässt eine Richtlinie, im Gegensatz zur Verordnung, die unmittelbare Rechtskraft besitzt, jedem Mitgliedstaat entsprechend seinem Rechtssystem die Wahl der juristischen Mittel, mit denen er in einer vorgeschriebenen Frist seine nationale Gesetzgebung an das durch die Richtlinie geschaffene Gemeinschaftsrecht anpasst (durch Gesetz, Verordnung, Rundschreiben, Dekret, Erlass, und so weiter).
Wie sieht es nun in den Mitgliedstaaten aus? Auch hier werden wir zuerst einmal wieder die BRD beleuchten. Auf Druck des Europäischen Parlaments verabschiedete nach einem großen Hearing (Anhörung) der Deutsche Bundestag am 13. August 1980, also noch

unter der sozial-liberalen Koalition, ein Gesetz mit dem schönen Titel: *Arbeitsrechtliches EG-Anpassungsgesetz.*
Dieses EG-Anpassungsgesetz wurde so verwässert, dass es im Grunde nicht viel bringt. Bei den Forderungen wurden aus Mussbestimmungen einfach Soll- oder Kann-Bestimmungen gemacht. Dieses Gesetz ist so schlecht, dass der Europäische Rat klagt, falls es nicht novelliert, das heißt erneuert wird. Es entspricht in keiner Weise den EG-Richtlinien. Vielleicht wird Euch, liebe Genossinnen jetzt klar, warum wir sozialdemokratischen Frauen sehr oft das Unmögliche fordern, um wenigstens einen Teil des Möglichen zu erreichen. Eine weitere Forderung zur Durchsetzung unserer Gleichstellung ist die Schaffung von Gleichstellungsstellen auf allen Ebenen, sei es bei der Regierung, in den Städten und Gemeinden, in Fraktion oder Opposition – aber auch auf allen Ebenen der Partei. Warum?
Ich bin froh, dass ich diese Gleichstellungsstellen nicht näher erklären muss, da Ihr alle die Genossinnen Brunhilde Peter, Marianne Granz und Karin Basters kennt, da sie im Landtag in der Fraktion angesiedelt sind. Was sie alle leisten, habt Ihr sicher schon wahrgenommen. Ein Vorbild ist Eva Rühmkorf, sie ist Leiterin der Gleichstellungsstelle in Hamburg und Brunhildes Freundin. Sie ist Staatssekretärin und hat daher viel mehr Macht und Durchsetzungsvermögen als unsere Genossinnen.
Wie sieht es nun in den anderen EG-Ländern aus? Das im Moment beste und erstrebenswerteste Beispiel ist Frankreich. Dort gibt es eine Ministerin für die Rechte der Frauen. Yvette Roudy ist bei der Regierung angesiedelt.
In Holland tun sie sich noch schwer mit der Umsetzung der EG-Richtlinie.
Ein gutes Beispiel ist Dänemark. Wenn dort eine Frau bei gleicher oder sogar besserer Qualifikation nicht eingestellt wird, zahlt der Arbeitgeber als Strafe bis zu einem Jahresgehalt, welches die Frau verdient hätte, wäre sie eingestellt worden.
Wie es trotzdem bei einer konservativen Regierung laufen kann, möchte ich am Beispiel England erläutern. Die EOC (Equal Opportunities Commission), die Kommission für die Chancengleich-

heit der Geschlechter, ist bei der Regierung angesiedelt. Sie besteht aus 160 Personen, ist eine selbständige Abteilung mit viel Machtbefugnis und ist mit einem Etat von jährlich 3 Millionen Pfund Sterling ausgerüstet. Sie beschäftigt sich mit vielerlei Untersuchungen, unter anderem mit Diskriminierung der Beschäftigten, seien es weibliche oder männliche, direkte oder indirekte Diskriminierung. Aus England wurden bis jetzt am Europäischen Gerichtshof 520 Fälle vorstellig, davon 30 Prozent von Männern. Diese Kommission hat viel geleistet.

Die BRD ist in der EG in dieser Beziehung eines der absoluten Schlusslichter. Von uns liegen dem Europäischen Gerichtshof nur drei Fälle vor. Auch davon ein Beispiel: Als eine Frau nicht eingestellt wurde, war die Begründung folgende: Einer deutschen Frau sei es nicht zuzumuten, mit Ausländern konfrontiert zu werden. Das wäre bei dieser Stelle der Fall gewesen.

Im Europäischen Parlament gibt es einen sogenannten Frauenausschuss. Dieser hat einen hohen Stellenwert. Jährlich werden 10.000 Frauen in der EG gefördert. Auf diese Weise fließen auch Gelder in die einzelnen Staaten wieder zurück. Ein anderes Beispiel: Es gibt landwirtschaftliche Förderpläne in fast allen EG-Staaten, insbesondere in Notregionen wie etwa Sizilien. Eine weitere wichtige Zahl:

Bei nur 37 Prozent beschäftigten Frauen in der EG gibt es 11,8 Prozent Erwerbsarbeitslose.

In Frankreich gibt es zum Beispiel Frauenförderungsschulen zur Wiedereingliederung von Frauen, nachdem die Kinder aus dem Hause sind.

Von unseren Abgeordneten im Europäischen Parlament wird die Arbeitszeitverkürzung, und zwar die tägliche, für ganz Europa gefordert, des Weiteren seien neue Technologien so zu gestalten, dass Frauen einbezogen werden. Die Diskussionen in den Frauenausschüssen mit den konservativen Frauen laufen gut, aber wenn sie dann ins Parlament kommen, haben sie Fraktionszwang.

Zum Schluss noch ein paar Gedanken, warum trotzdem die Europäische Gemeinschaft und ihre Institutionen von uns stark gemacht werden müssen:

Vor ein paar Wochen war die große parlamentarische Anfrage zum Thema Frauen im Europäischen Parlament. Diese Debatte füllte im Fernsehen einen ganzen Vormittag aus. Dadurch wurde eine große Öffentlichkeitsarbeit geleistet. Ich habe mit Interesse diese gesamte Übertragung verfolgt. Alle Anwesenden, die sprachen, waren sich einig:

»Frauen sind im täglichen Leben, sowie im (Erwerbs-) Arbeitsprozess, benachteiligt.« Yvette Roudy, die Ministerin für die Rechte der Frauen aus Frankreich rief am Ende ihrer Rede den Frauen zu:

»Nehmt nicht, was man Euch gerne anbietet, sondern fordert! Engagiert Euch für Eure eigenen Belange, denn die Männer haben immer Wichtigeres zu tun.«

Hier habe ich nichts mehr hinzuzufügen.

Sollte es mir mit meinen Ausführungen gelungen sein, nur ein paar von Euch anzustecken, sich mit uns und diesen europäischen, politischen Forderungen zu solidarisieren, dann hat sich dieser Abend gelohnt. *

Dieser gesamte Bericht ist sicherlich in vielen beschriebenen politischen Angelegenheiten überholt. Ich habe ihn 1988 in meinem Ortsverein vorgetragen. Eines weiß ich in diesem Kontext noch ganz genau: Wie die Männer in der französischen Politik und Regierung Yvette Roudy sehr schnell nach ihrer zündenden Rede im Fernsehen abserviert haben. Das ist lange her.

Eine lustige Geschichte hatte ich durch meine Berichterstattung mit Christiane Krajewski, einer Ministerin und Genossin des Ortsvereins St. Johann erlebt. In meinem Vortrag kommt die Bezeichnung der Kommission für die Chancengleichheit der Geschlechter in der englischen Sprache vor. Ich konnte damals wie heute, nur ein paar Brocken Englisch. Ich hatte dadurch eine sehr schlechte Aussprache einzelner Wörter, wollte mich aber am Abend nicht blamieren. Als mein jüngster Sohn aus dem Gymnasium aus der Schule kam, bat ich ihn, mit mir zu üben.

---

* Informationsquelle: Christine Jonckheere/Florence Morgen-Gerard: Die erwerbstätigen Frauen in der Europäischen Gemeinschaft. 50 Fragen, 50 Antworten, Brüssel 1984; Hortense Hörburger/Fritz Rath-Hörburger: Europas Frauen gleichberechtigt?, Düsseldorf 1983.)

Er hatte sehr viel Geduld. Es klappte hervorragend. Als die offizielle Sitzung zu Ende war, holte mich Christiane zur Seite, konfrontierte mich mit folgendem Lob: »Liebe Dolly, ich wusste gar nicht, dass Du so gut Englisch sprichst.« Als spontane Antwort, die von mir an eine Bitte geknüpft wurde, rutschte mir dann heraus: »Liebe Christiane, es sind die drei einzigen Wörter, die ich kenne und aussprechen kann, sag's nicht weiter.«
Warum habe ich diese vielleicht als »Olle überholte Karamelle« bezeichnete Geschichte an den Schluss meines Buches gesetzt? Weil ich ganz viele und auch heute noch interessante Fakten aus der Entstehung des Europäischen Parlaments für wissenswert halte und, eitel wie ich ab und zu auch bin, deswegen eine Glosse, die ich zu schreiben als Auftrag bekam, unbedingt ans Ende setzen wollte. Auch wenn die nächsten Europawahlen erst im Frühjahr 2024 sind, sollten wir diese Zeit nutzen, alle Frauenthemen zu priorisieren. Dann, so denke ich, schadet es niemandem, die/der dieses Buch lesen wird, damals schon aktuelle Themendiskussionen in einem kleinen Rückblick nachvollziehen zu können. Dafür danke ich jetzt schon!

Produktive Partnerschaft in Europa – Basis des sozialen Friedens? *(Glosse, aber alles erlebt.)*

Es war einmal ein kleines Land, hoch oben im Norden gelegen, Dänemark genannt. Dort versammelten sich eines Tages die Frauen, um ein Papier namens »Maastrichter Vertrag« zu beraten. Nach gründlicher Studie stellten sie einmütig fest, dass für ihre dringlichen Wünsche nach notwendiger Veränderung des Alltagslebens entschieden zu wenig ausgehandelt worden war. So beschlossen sie, die Verträge wie ein Pamphlet zu behandeln und folglich nicht zu unterzeichnen. Diese Ablehnung wiederum schlug hohe Wellen, sogar in ganz Europa. Aber die Frauen hatten ihre guten Gründe und bestanden auf einer Änderung der Verträge. Sie argumentierten unermüdlich, es könne nicht angehen, dass die für die Frauen verlautbarten Richtlinien nur aus vagen Eventualitäten, ja, aus

Kann- oder Soll-Bestimmungen bestünden. Die könnten nun einmal nichts, aber auch gar nichts bewirken, das hatten die Frauen inzwischen aus ihrer Geschichte gelernt. Bei den Verhandlungen waren damals immer noch die Männer in der Überzahl, schließlich verlegten die sich aufs Bitten. Bei allem, was die Frauen noch zu kritisieren hätten, sie sollten zuerst einmal generell zustimmen, damit das Gesamtwerk nicht scheitere. Es wurde den Frauen in Aussicht gestellt:

Erst einmal den Vertrag verabschieden, dann könne man *ja noch nachbessern.*

Das wussten die Frauen aber besser. War erst einmal etwas verabschiedet, wurde nicht so schnell nachgebessert. Aus langer märchenhafter Geschichte und aus regionalen Erzählungen wussten die Frauen um ein einziges Wort, welches wichtige Entscheidungen umsetzte. Dieses Zauberwort lautet: *Muss!*
Nun, die Däninnen wurden trotz ihres Wissens und trotz ihres Vetos letztlich überstimmt. So singen sie heute das Hohe Lied vom neuen Geld und gemeinsamen Europa. Die schlafenden Prinzessinnen träumen heute noch von einem neuen Gesellschaftsvertrag mit vielen Bündnissen, gewonnen aus der Berücksichtigung ihrer Lebens(t)räume – von Frauen mit ihren Kindern. Von einem Zusammenschluss mit ihrer Beteiligung.

Konnte denn die Basis des sozialen Friedens im ausgehenden 20. Jahrhundert sein, 52 Prozent der Bevölkerung zu entmündigen? Auszuschließen, auszugrenzen und zu ignorieren?

Wenn keine Netzwerke geknüpft – sondern Männerbünde zementiert wurden, garantierten die Seilschaften der Platzhirsche einmal mehr die Fortsetzung der alten Politik, und das war nicht die, welche die Frauen sich wünschten. Auf europäischer Ebene ging dann die Kunde von einem neuen Zauberwort: *Harmonisierung.* Sollte das etwa die Herren mit Einsicht geschlagen haben? Konnten sie, anstatt Kaugummiautomaten zu harmonisieren, -tatsächlich ihr Begehr-, mit dem Zauberwort Harmonisierung bezirzt werden und plötzlich den eklatanten Widersprüchen die Spitze nehmen? Dann hätten sie:

* Die Vereinbarkeit von Familie und Erwerbsarbeit mit Frauen ausgehandelt und umgesetzt,
* die Familien steuerlich entlastet,
* das Ehegattensplitting abgeschafft,
* den Abtreibtourismus in Europa unterbunden,
* Sexismus und Sextourismus in allen Bereichen untersagt und bei sich selbst angefangen,
* gleichen Lohn bei gleicher Qualifikation durchgesetzt,
* die unterbezahlten sozialpflegerischen und erzieherischen Berufe nach Leistung bemessen,
* der Ungleichheit von Frauen in der Politik entsagt,
* die Harmonisierung der Schul- und Universitätsabschlüsse erreicht und so weiter, und so weiter.

Die Liste muss hier unterbrochen werden, sonst glaubt niemand mehr an das Märchen von Gleichberechtigung und Gleichwertigkeit. Meine Erzählung könnte gegenteilige Wirkung haben. Statt den Schlaf zu behüten, weckt sie die träumenden Frauen auf. Und was sähen sie schon! Doch nur weitere Anstrengungen, um für alle mehr Chancen, mehr Zeit, mehr Erwerbsarbeit, mehr Macht und Geld einfordern zu dürfen! Auf regionaler, hier sogar auf multinationaler Ebene. Und das sollte klappen?

In einem anderen Land gab es vor nicht allzu langer Zeit eine friedliche Revolution, ausgelöst von Frauen und Männern, die sich gemeinsam eine neue Politik wünschten. Kaum war der echte Kampf gekämpft und das Risiko vorüber, kam die große Umarmung des kapitalen Bruderstaates – und die Nachteile für die Frauen. Vor ihrer Selbstbestimmung als Frauen und Mütter verloren sie noch ihre beispiellose Erwerbstätigkeit. Dafür bekamen sie Teilzeitjobs, AB-Maßnahmen, 520 D-Markjobs, und viele mussten sich ins Heim an den Herd stellen, um ohne bezahlte Arbeit irgendwie zu überleben. Viel zu lange gab es Frauen, die glaubten, ein Zauberwort zu besitzen.

Solidarität, enger zusammenschließen.

Sie träumen von einem Kuchen, der darauf wartet, verteilt zu werden, und am Ende eines traumhaft schönen Tages würden sie die

Happen erhalten, die ihnen zustanden. So träumen sie fort und wie an jedes Märchens Ende steht:
Und wenn sie nicht gestorben sind, dann leben sie noch heute ...

Fazit

Ich bleibe!
So heißt mein Buch aus vielen für mich relevanten Gründen. Dadurch komme ich, nur wegen *dieser einen* Aussage, die darin formuliert ist, in Schwierigkeiten. Herausnehmen will ich diese Aussage jedoch auch nicht mehr. Warum? Weil ich darin ganz klar ausgesprochen habe, wann ich eventuell aus der Partei austreten würde. Wenn ich tot bin? Dieser Grund wird hoffentlich noch ein wenig auf sich warten lassen, da ich in einem anderen Buch einen Wunsch ausgesprochen habe: »Ich möchte wenigstens wie meine Mutter 90 Jahre alt werden.« Liebe LeserInnen, sie erinnern sich an den Grund, um den es mir in der Hauptsache ging: Wenn die SPD in der jetzigen GRO/KO, den Nazi-Paragrafen 219 a von 1933 nicht ersatzlos aus dem Strafgesetzbuch streichen würde – dann! Das ist nicht geschehen. Was haben sie beschlossen? Wieder nur, wie schon beim Paragrafen 218, eine schlechte Krücke für uns Frauen. Und wie viele meiner GenossInnen vorher gelogen haben, kann ich schon nicht mehr zählen. Wenn ich konsequent wäre – müsste ich austreten. Es ist der 4. Februar 2019, ich bin sehr schwer erkrankt. Liege also viel in meinem Bett, das bedeutet – ich hatte sehr viel Zeit über diese Situation nachzudenken. Irgendwann wurde mir klar, es gibt für mich überhaupt keinen Grund auszutreten. Auch, wenn es sich sogar einige GenossInnen wünschen würden. Was könnten wir *Frauen* denn erreichen, wenn *Frauen* wie ich das Handtuch hinwerfen würden? Mein Titel bleibt und ich bleibe. Sie müssen nach wie vor mit mir rechnen – Punkt. Ich habe dieses Buch mit so viel Herzblut geschrieben, wie bis jetzt noch keines. Ich hoffe sehr, meinen LeserInnen Material an die Hand gegeben zu haben, woraus vielleicht sogar eine Erkenntnis resultiert, dies' alles von mir Erzählte gehört zur Politik. Warum eben dieses *Alles* so leicht, aber auch so kompliziert sein kann, habe ich am Abend in der Diskussionsrunde bei Anne Will gesehen, es ging um diesen Nazi-Paragrafen 219 a. Bei dem, was ich beschrieben habe, ging es um 40 Jahre

gelebtes politisches Leben einer Basisfrau – nicht um mehr und nicht um weniger. Ich bitte *Sie* ganz lieb:
»Helfen Sie mit alles durchzusetzen, was in meinem Buch kritisch geschildert ist.«

Diese Dinge sind längst überfällig!

Frauenweltentrilogie

Verändern Frauen die Welt?

Verändern Frauen die Welt?
Ja – sie verändern die Welt!
Indem sie auf – mischen,
indem sie mit – mischen,
indem sie sich ein – mischen.
Und sie hat auf – ge – mischt,
sie hat mit – ge –mischt,
sie hat sich ein – ge – mischt.
Mit welchem Ergebnis?
Sie mischt weiter!

Januar 1998

Lieben Frauen das Leben?

Lieben Frauen das Leben?
Ja – sie lieben das Leben!
Indem sie be – leben,
indem sie auf – leben,
indem sie sich er – leben.
Und sie hat be – lebt,
sie hat auf – ge – lebt,
sie hat sich er – lebt.
Mit welchem Ergebnis?
Sie lebt weiter!

März 1998

Hinterlassen Frauen Spuren?

Hinterlassen Frauen Spuren?
Ja – sie hinterlassen Spuren!
Indem sie auf – spüren,
indem sie hinein – spüren,
indem sie sich selbst spüren.
Und sie hat auf – ge – spürt,
sie hat hinein – ge – spürt,
sie hat sich selbst ge – spürt.
Mit welchem Ergebnis?
Sie spürt weiter!

Mai 1999

Danksagung

Ich möchte den Personen danken, die mich während der Entstehung des Buches unterstützt haben. Es waren viele, alle Namen zu nennen, würde den Rahmen sprengen.

Dolly Hüther,
Frühjahr 2021